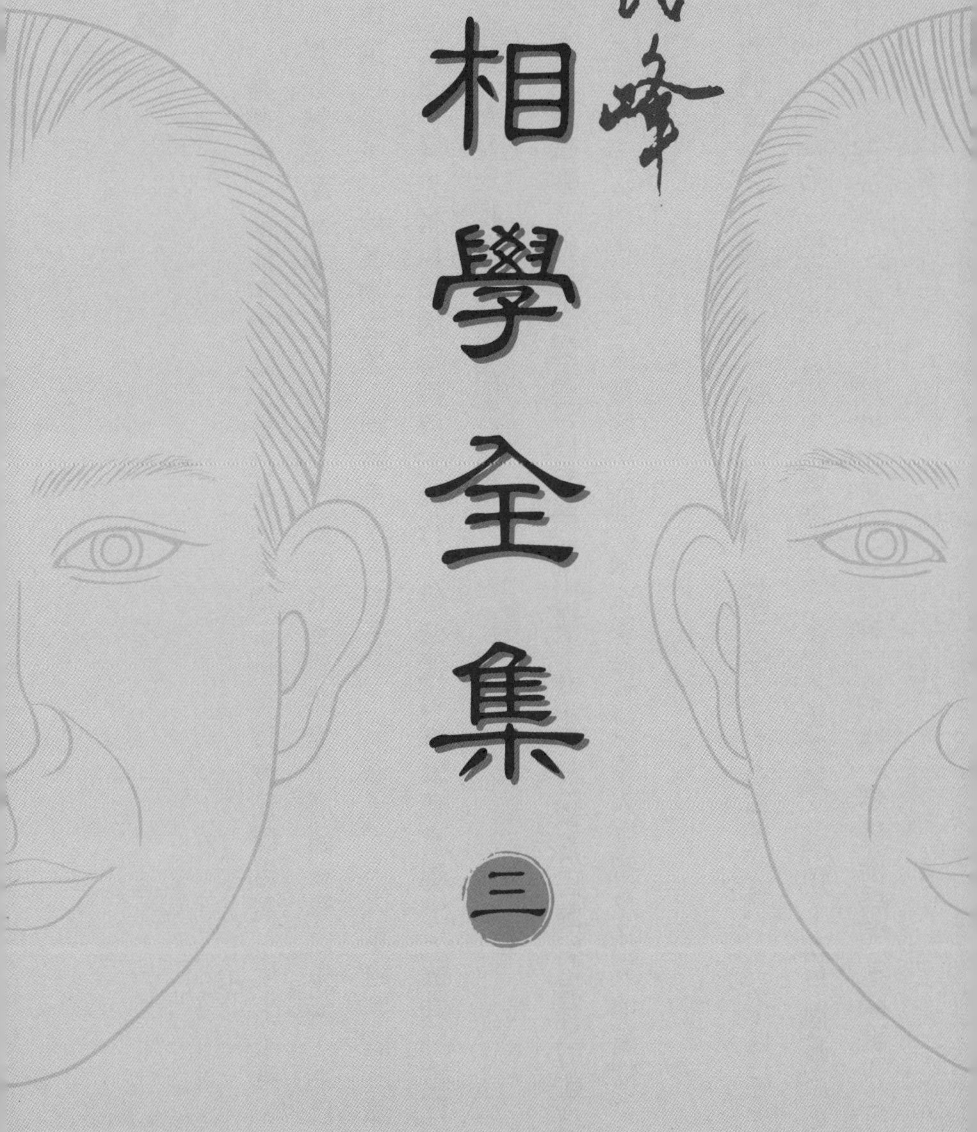

蘇民峰

相學全集

（三）

圓方立極

「天圓地方」是傳統中國的宇宙觀，象徵天地萬物，及其背後任運自然、生生不息、無窮無盡之大道。早在魏晉南北朝時代，何晏、王弼等名士更開創了清談玄學之先河，主旨在於透過思辨及辯論以探求天地萬物之道，當時是以《老子》、《莊子》、《易經》這三部著作為主，號稱「三玄」。東晉以後因為佛學的流行，佛法便也融匯在玄學中。故知，古代玄學實在是探索人生智慧及天地萬物之道的大學問。

可惜，近代之所謂玄學，卻被誤認為只局限於「山醫卜命相」五術及民間對鬼神的迷信，故坊間便泛濫各式各樣導人迷信之玄學書籍，而原來玄學作為探索人生智慧及天地萬物之道的本質便完全被遺忘了。

有見及此，我們成立了「圓方出版社」（簡稱「圓方」）。《孟子》曰：「不以規矩、不成方圓」。所以，「圓方」的宗旨，是以「破除迷信、重人生智慧」為規，藉以撥亂反正，回復玄學作為智慧之學的光芒；以「重理性、重科學精神」為矩，希望能帶領玄學進入一個新紀元。「破除迷信、重人生智慧」即「圓而神」，「重理性、重科學精神」即「方以智」，既圓且方，故名「圓方」。

出版方面，「圓方」擬定四個系列如下：

1.「智慧經典系列」：讓經典因智慧而傳世；讓智慧因經典而普傳。

2.「生活智慧系列」：藉生活智慧，破除迷信；藉破除迷信，活出生活智慧。

3.「五術研究系列」：用理性及科學精神研究玄學；以研究玄學體驗理性、科學精神。

4.「流年運程系列」：「不離日夜尋常用，方為無上妙法門。」不帶迷信的流年運程書，能導人向善、積極樂觀、得失隨順，即是以智慧趨吉避凶之大道理。

在未來，「圓方」將會成立「正玄會」，藉以集結一群熱愛「破除迷信、重人生智慧」及「重理性、重科學精神」這種新玄學的有識之士，並效法古人「清談玄學」之風，藉以把玄學帶進理性及科學化的研究態度，更可廣納新的玄學研究家，集思廣益，使玄學有另一突破。

作者簡介

蘇民峰 長髮，生於一九六〇年，人稱現代賴布衣，對風水命理等術數有獨特之個人見解。憑着天賦之聰敏及與術數的緣分，對於風水命理之判斷既快且準，往往一針見血，疑難盡釋。

以下是蘇民峰近二十年之簡介：

八三年 開始業餘性質會客以汲取實際經驗。

八六年 正式開班施教，包括面相、掌相及八字命理。

八七年 毅然拋開一切，隻身前往西藏達半年之久。期間曾遊歷西藏佛教聖地「神山」、「聖湖」，並深入西藏各處作實地體驗，對日後人生之看法實跨進一大步。回港後開設多間店鋪（石頭店），售賣西藏密教法器及日常用品予有緣人士，又於店內以半職業形式為各界人士看風水命理。

八八年 夏天受聘往北歐勘察風水，足跡遍達瑞典、挪威、丹麥及南歐之西班牙，回港後再受聘往加拿大等地勘察。同年接受《繽紛雜誌》訪問。

八九年 再度前往美加，為當地華人服務，期間更多次前往新加坡、日本、台灣等地。同年接受《城市周刊》訪問。

九〇年 夏冬兩次前往美加勘察，更多次前往台灣，又接受台灣之《翡翠雜誌》、《生活報》等多本雜誌訪問。同年授予三名入室弟子蘇派風水。

九一年 續去美加、台灣勘察。是年接受《快報》、亞洲電視及英國 BBC 國家電視台訪問。所有訪問皆詳述風水命理對人生的影響，目的為使讀者及觀眾能以正確態度去面對人生。同年又出版了「現代賴布衣手記之風水入門」錄影帶，以滿足對風水命理有研究興趣之讀者。

九二年 續去美加及東南亞各地勘察風水，同年 BBC 之訪問於英文電視台及衛星電視「出位旅程」播出。此年正式開班教授蘇派風水。

九四年 首次前往南半球之澳洲勘察，研究澳洲計算八字的方法與北半球是否不同。同年接受兩本玄學雜誌《奇聞》及《傳奇》之訪問。是年創出寒熱命論。

九五年 再度發行「風水入門」之錄影帶。同年接受《星島日報》及《星島晚報》之訪問。

九六年 受聘前往澳洲、三藩市、夏威夷、台灣及東南亞等地勘察風水。同年接受《凸周刊》、《一本便利》、《優閣雜誌》及美聯社、英國 MTV 電視節目之訪問。是年正式將寒熱命論授予學生。

九七年 首次前往南非勘察當地風水形勢。同年接受日本 NHK 電視台、丹麥電視台、《置業家居》、《投資理財》及《成報》之訪問。同年創出風水之五行化動土局。

九八年 首次前往意大利及英國勘察。同年接受《TVB 周刊》、《B International》、《壹周刊》等雜誌之訪問，並應邀前往有線電視、新城電台、商業電台作嘉賓。

九九年 再次前往歐洲勘察，同年接受《壹周刊》、《東周刊》、《太陽報》及無數雜誌、報章訪問，同時應邀往商台及各大電視台作嘉賓及主持。此年推出首部著作，名為《蘇民峰觀相知人》，並首次推出風水鑽飾之「五行之飾」、「陰陽」、「天圓地方」系列，另多次接受雜誌進行有關鑽飾系列之訪問。

二千年　再次前往歐洲、美國勘察風水，並首次前往紐約，同年 masterso.com 網站正式成立，並接受多本雜誌訪問關於網站之內容形式，及接受校園雜誌《Varsity》、日本之《Marie Claire》、復康力量出版之《香港 100 個叻人》、《君子》、《明報》等雜誌報章作個人訪問。同年首次推出第一部風水著作《蘇民峰風生水起（巒頭篇）》、第一部流年運程書《蛇年運程》及再次推出新一系列關於風水之五行鑽飾，並應無綫電視、商業電台、新城電台作嘉賓主持。

〇一年　再次前往歐洲勘察風水，同年接受《南華早報》、《忽然一週》、《蘋果日報》、日本雜誌《花時間》、NHK 電視台、關西電視台及《讀賣新聞》之訪問，以及應紐約華語電台邀請作玄學節目嘉賓主持。同年再次推出第二部風水著作《蘇民峰風生水起（理氣篇）》及《馬年運程》。

〇二年　再一次前往歐洲及紐約勘察風水。續應紐約華語電台邀請作玄學節目嘉賓主持，及應邀往香港電台作嘉賓主持。是年出版《蘇民峰玄學錦囊（相掌篇）》、《蘇民峰八字論命》、《蘇民峰玄學錦囊（姓名篇）》。同年接受《3 週刊》、《家週刊》、《快週刊》、《讀賣新聞》之訪問。

〇三年　再次前往歐洲勘察風水，並首次前往荷蘭，續應紐約華語電台邀請作玄學節目嘉賓主持。同年接受《星島日報》、《東方日報》、《成報》、《太陽報》、《壹周刊》、《一本便利》、《蘋果日報》、《新假期》、《文匯報》、《自主空間》之訪問，及出版《蘇民峰玄學錦囊（風水天書）》與漫畫《蘇民峰傳奇 1》。

〇四年　再次前往西班牙、荷蘭、歐洲勘察風水，續應紐約華語電台邀請作風水節目嘉賓主持，及應有線電視、華娛電視之邀請作其節目嘉賓，同年接受《新假期》、《MAXIM》、《壹周刊》、《太陽報》、《東方日報》、《星島日報》、《成報》、《經濟日報》、《快週刊》、《Hong Kong Tatler》之訪問，及出版《蘇民峰之生活玄機點滴》、漫畫《蘇民峰傳奇 2》、《家宅風水基本法》、《The Essential Face Reading》、《The Enjoyment of Face Reading and Palmistry》、《Feng Shui by Observation》及《Feng Shui — A Guide to Daily Applications》。

〇五年始 應邀為無線電視、有線電視、亞洲電視、商業電台、日本 NHK 電視台作嘉賓或主持，同時接受《壹本便利》、《味道雜誌》、《三週刊》、《HMC》雜誌、《壹週刊》之訪問，並出版《觀掌知心（入門篇）》、《中國掌相》、《八字萬年曆》、《八字入門捉用神》、《八字進階論格局看行運》、《生活風水點滴》、《風生水起（商業篇）》、《如何選擇風水屋》、《談情說相》、《峰狂遊世界》、《瘋蘇 Blog Blog 趣》、《師傅開飯》、《蘇民峰美食遊蹤》、《A Complete Guide to Feng Shui》、《Practical Face Reading & Palmistry》、《Feng Shui — A Key to Prosperous Business》等。

蘇民峰顧問有限公司
電話：2780 3675
傳真：2780 1489
網址：www.masterso.com
預約時間：星期一至五（下午二時至七時）

自序

人心不同，各如其面。心善而眼善，心惡而眼惡，心愁而面青，心樂而面舒。人樂觀，眼尾、嘴角自然向上，人悲觀，眼尾、嘴角自然向下；眉頭寬性格自寬，抑鬱者雙眉自然緊皺；慎言者嘴唇緊閉，多言者掀唇露齒或牙疏；體強者聲如洪鐘，病弱者氣若游絲。凡此種種皆有諸內，形諸外，但面相會因應人心之不同而隨之變化，故看相宜看近而不看遠，看精神又比看五官為重。再加上世界各國民族不同之風俗習慣去判斷，幾無差矣！

蘇民峰

《太清神鑑》序

至神無體，妙萬物以為體，至道無方，鼓萬物以為用，故渾淪未判，一氣湛然，太極纔分，三才備位，是以陰陽無私，順萬物之理以生之，天地無為，輔萬物之性以成之，夫人居天地之中，雖稟五行之英，為萬物之秀者，其形未兆，其體未分，即夙具其美惡，蘊其吉凶，故其生也，天地豈容巧於其間哉，莫非順其世，循其理，輔其自然而已，故夙積其善，則賦其形美而福祿也，素積其惡，則流其質凶而處夭賤，此其灼然可知，其確然不易也，是以古之賢聖，察其人則觀其形，觀其形則知其性，知其性則盡知其心，盡知其心則知其道，觀形則善惡分，識性則吉凶顯著，且伏羲日角，黃帝龍顏，舜目重瞳，文王四乳，斯皆古之瑞相，見之問降之聖人也，其諸賢愚修短，猶之指掌微毫絲末，豈得逃乎。

目錄

【論虎耳】

【論口】

第五章　雜論

【論髮】

【論鬚】

第四章

獨立部位細論

【論顴鼻】

四十一至五十歲行顴鼻，兩顴為權，而鼻為地位。有鼻無顴者，有地位而無下屬，或下屬不聽使喚，無得力助手；至於有顴無鼻，則其人以下犯上，無地位卻喜歡弄權，像古代的太醫、現代的秘書或老闆之跟班。故有鼻一定要有顴，顴高鼻高，平生富貴，權力地位金錢不缺；如無鼻無顴，即使別的部位理想，其人一生也難免為他人作嫁，寄人籬下，較難做到獨當一面。

顴鼻之基本條件

鼻

鼻為中停，以不短於上下停為佳，如長於上下停則入貴格，容易有名氣地位。除了鼻形長之外，鼻樑（即兩眼中間）還要高而有力，鼻頭肉堅，無紋痣缺陷，如此方可稱為良相。

顴

顴除了要高於合格線外，還要有肉包裹，以見不到顴骨為佳。

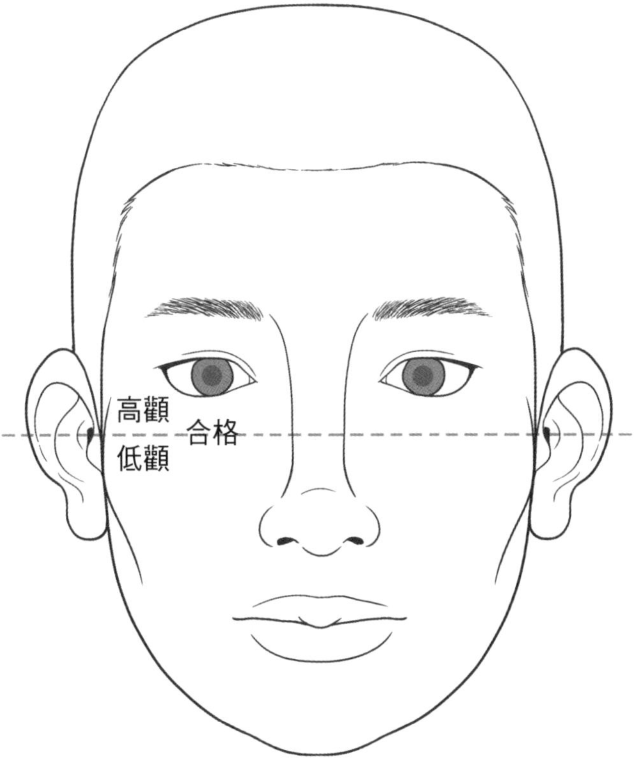

顴之標準線。高於此為高，低於此為低

顴鼻代表年歲

四十一歲——山根
四十二歲——精舍
四十三歲——光殿
四十四歲——年上
四十五歲——壽上
四十六歲——左顴
四十七歲——右顴
四十八歲——準頭
四十九歲——蘭台
五十歲——廷尉

下依流年歲數順序分述各部位。

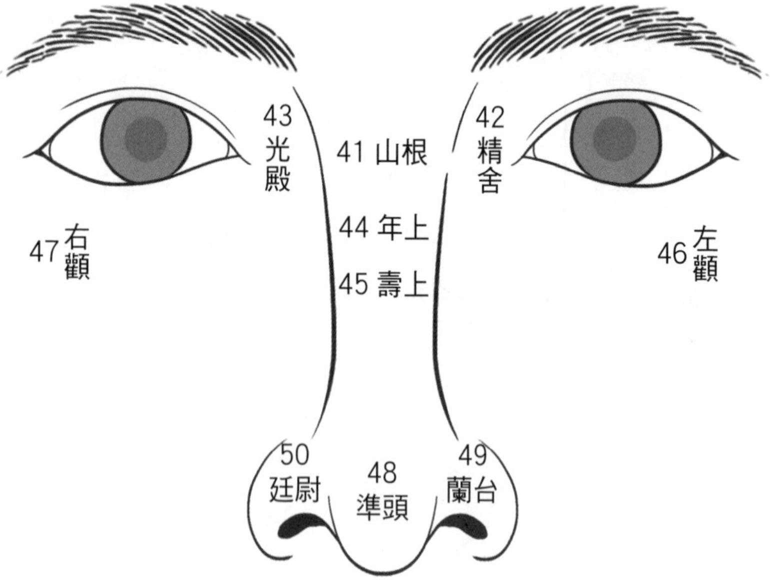

顴鼻之流年部位

四十一歲——山根

四十一歲行山根。山根在面相上是一個很重要的位置，因為整個少年運能否順利過渡到中年，山根有着決定性的影響。如果前額低窄，少年運蹇還好；如少年運佳，前額高闊而飽滿，但配上尖窄之山根，則少年之氣會溢瀉，通不過中年，除了運程大敗之外，亦容易有生命之厄，尤其是二十九歲那年。至於山根平滿，只代表運程不能延續而已，並無生命之厄。如鼻樑高而闊，前額又長得良好，代表少年、中年之運一氣呵成；如樑柱高直，準頭有肉，旺運能一直延至五十六歲才止，而五十六歲後便要看人中、大海（口）是否配合。

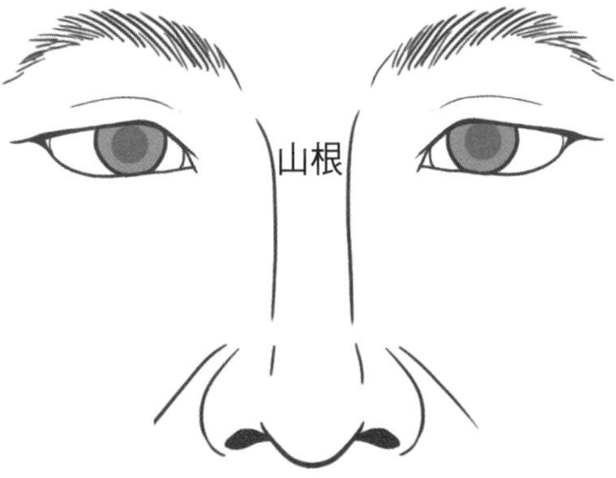

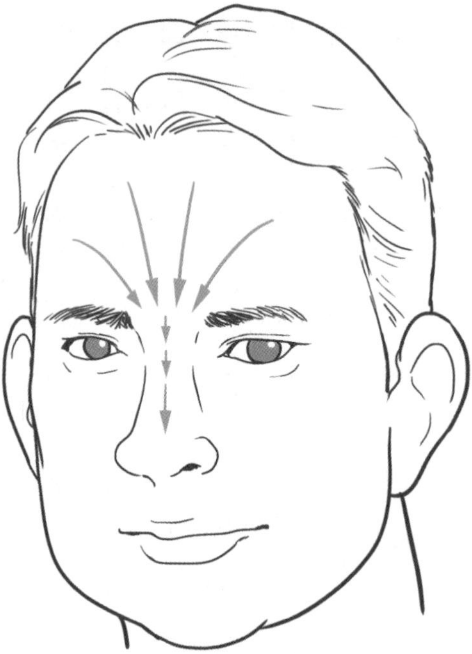

額高闊，鼻樑高闊，
少年運順利過渡至中年

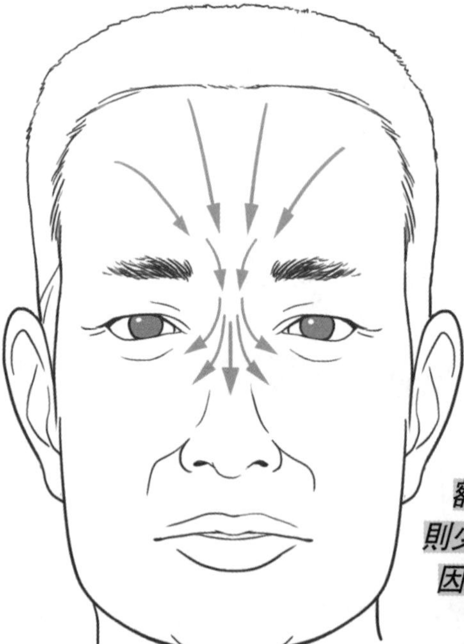

額闊而高，但鼻樑扁平，
則少年運氣不能順延至中年，
因少年之氣在通過鼻樑後，
會四處溢走，氣不能注

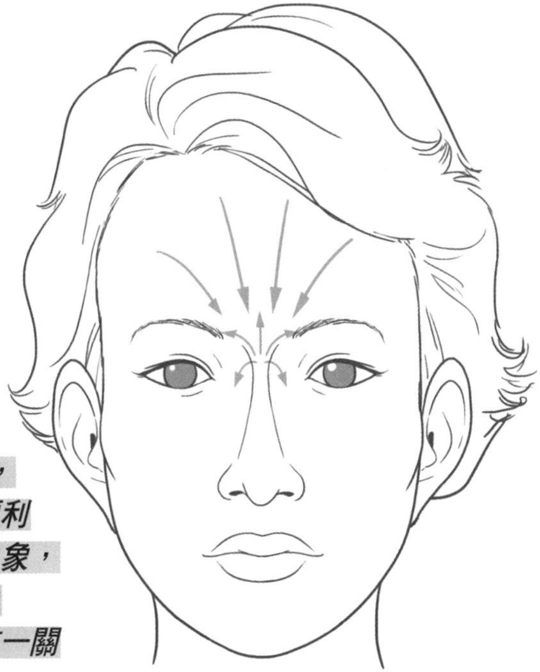

額高闊，鼻樑窄，
則少年旺氣不能順利
通過山根而有倒流之象，
二十九歲行鼻之
九執流年歲數時當有一關

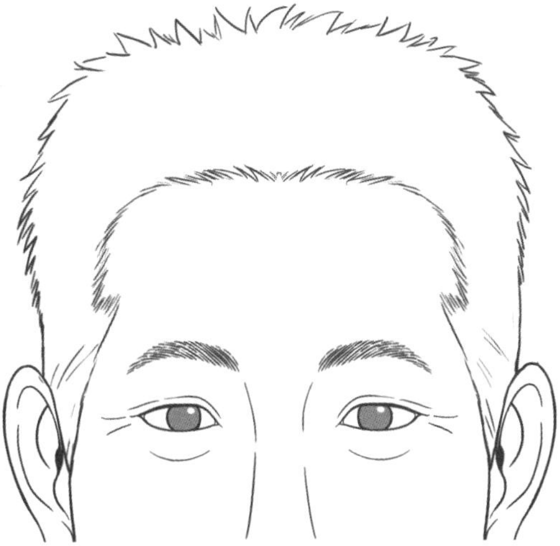

額低而窄，少年運蹇，無氣可注入中年，
故不管鼻高鼻低、樑闊或樑窄皆無關係

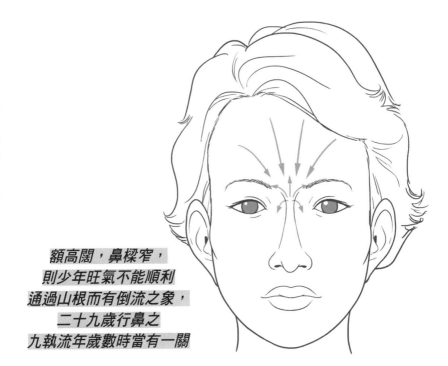

【看祖業】

山根代表祖業的承繼。

山根闊者能承繼祖業，山根窄則敗祖業，即使能承繼，亦以失敗收場居多。

【看婚姻】

山根鼻樑為夫妻宮，山根高，能得夫、妻助力，如加上鼻形長則更佳；反之，山根如有任何紋痣，皆不利姻緣，男女同論。

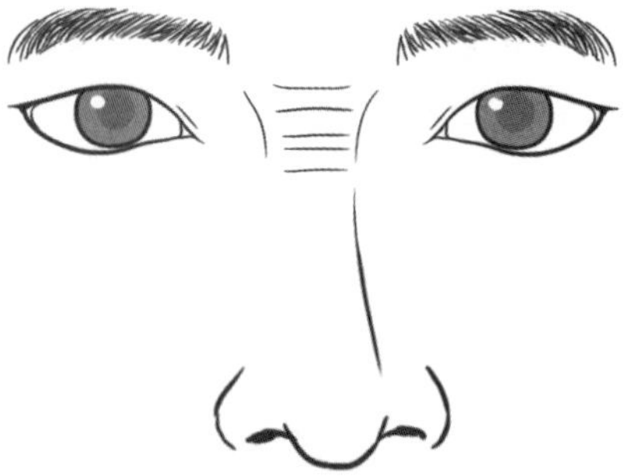

山根有橫紋或直紋
皆主婚姻不利

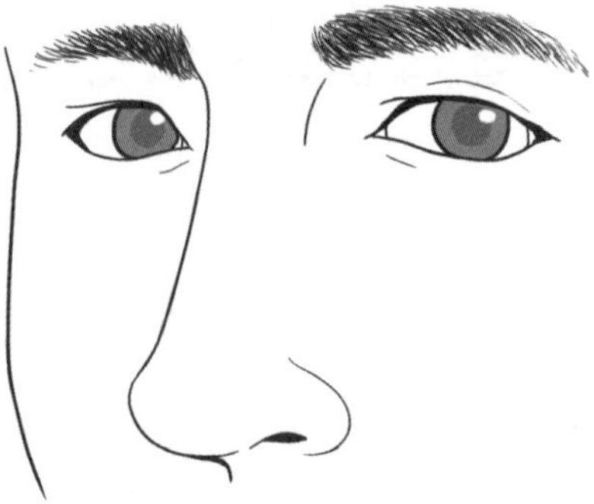

山根高能得配偶之助，
低則無助力

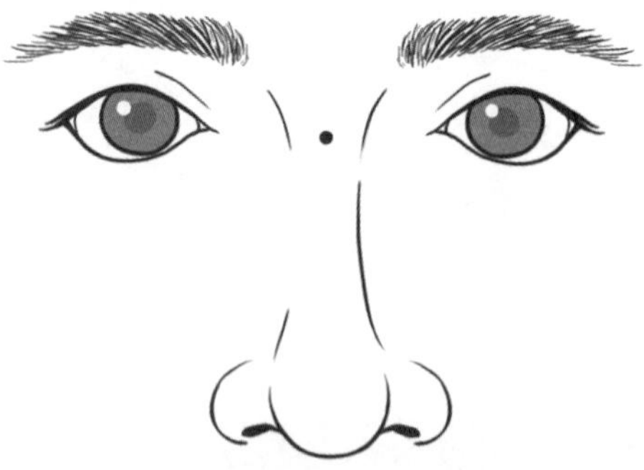

山根有痣或癦皆不利姻緣，
尤以凸出的痣影響最大

【看自信】

山根是自信心的表現之處，一般山根高者，自信心強，自尊心亦強，男性尚可，女性山根過高則容易獨守空幃，皆因男性表現自信堅強，易得女性歡心；女性自信堅強或自視過高，就不免看不上平常男性，惟富家子弟或事業出眾的男性，卻鮮少選擇此類女性，以致能相配的對象自然不多。

【看身體】

山根與年上、壽上皆是看身體之處，一般山根高的東方人，體質會較為強健；山根低則體弱多病，又山根為肺，山根低的人，一般肺、喉嚨、氣管易生毛病，而歐美之人的山根一般都是高的，這是民族特性，故不可以見到歐美人山根高便斷定他們體質一定強健。又山根高則肉不能削薄，即鼻樑以圓潤為佳，因山根高而薄削，一般容易有鼻敏感之症。

四十二歲、四十三歲——精舍、光殿

精舍、光殿是四十二、四十三歲的流年部位。山根的左面鼻樑位置是精舍，右面是光殿，又稱「精舍與膀胱」，是察看腎臟之處。

如鼻樑左右兩邊暗黑為腎弱，主體力欠佳，容易疲累，建議多做強化五臟的運動及調養身子。

【通姦線】

如精舍、光殿有一條青黑色幼線在皮膚內相連，顯示其人有通姦之事發生，代

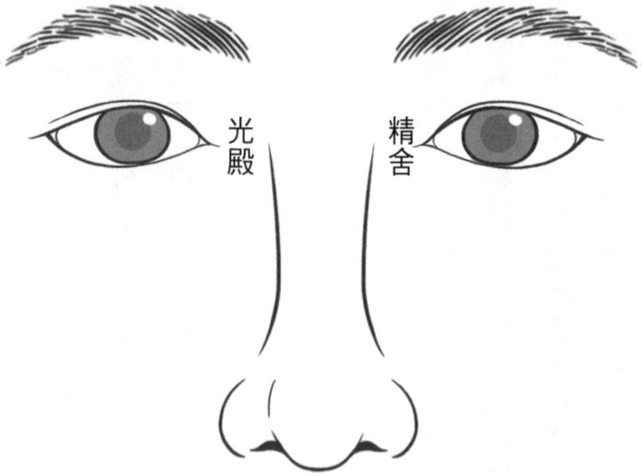

表配偶或愛人與自己認識的親人、朋友發生了不道德的關係。也就是說，精舍、光殿與感情相關。

左邊精舍鼻側位置為夫座，右邊鼻側為妻座，都是察看男女關係之處。

如夫妻座平滑無紋痣則無礙，如有紋痣在左面則夫座不佳，主爭吵每每都是由男方而起，相反在右方則爭吵大多由女方引起，故整個山根橫列位置，都是用以看感情與男女關係的。

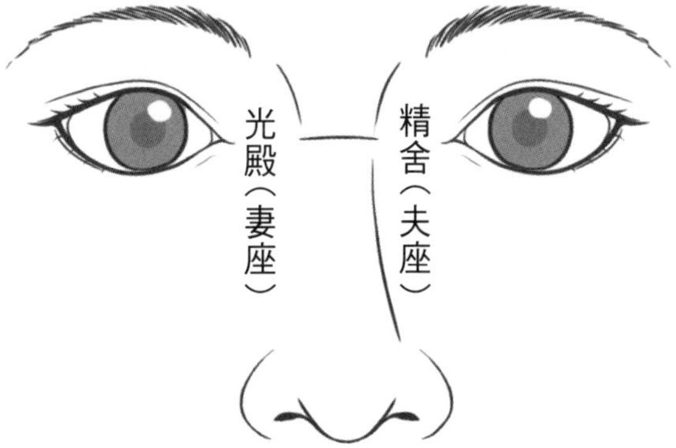

四十四歲、四十五歲——年上、壽上

年上、壽上，代表四十四、四十五歲之運程，位在山根下鼻骨與軟骨之處——鼻骨上是年上，軟骨位置是壽上，此兩部位合稱「疾厄宮」，顧名思義，這是看疾病與災厄之處。年上主要察看家人的健康，如年上氣色暗黑，主家中兄弟父母有人在病榻中；而壽上氣色青暗，則代表自己正在生病，已到了吃藥的階段。

整個鼻樑除了山根看感情外，其實一直延至年上、壽上都可用以看感情之象，故山根有痣壢，必代表感情難以圓滿，老來孤獨的機會相當大；有細斑亦代表感情不順，要過了四十五歲壽上位置以後，才有機會白頭到老。另外，如年上、壽上笑時有直紋，代表難以依靠丈夫；不笑時也有直紋，則艱苦勞碌，子女緣薄，亦有機會異鄉終老。

至於年上、壽上有骨凸起，這是常見的，代表性情剛烈，陽氣重，男性猶可，可配性情柔順的女性，畢竟男陽女陰在中國社會是正常的。然而，如果女性有鼻節凸起，就難免陽氣過重，性格易衝動。如果配一個鼻樑高的男性，感情不免難得美滿，唯有配一個性格陰柔、鼻樑較低的男性，才有機會把感情維持下去。

四十六歲、四十七歲——左右兩顴

左右兩顴是四十六、四十七歲的流年部位。顴者，權也，沒有顴低能掌大權者，又顴之高低與凸露無關。很多初學相者常把顴骨顯露而凸出看成有顴，其實這是顴骨凸露，反而難得大權。看顴之高低，應為顴愈靠近眼尾則愈高，愈靠近鼻頭則愈低。

【顴高】

顴高者，有勇有謀，如能得官印（眼、印堂）之助，必掌大權，但高也要有肉包裹，謂之「暗顴」，如此

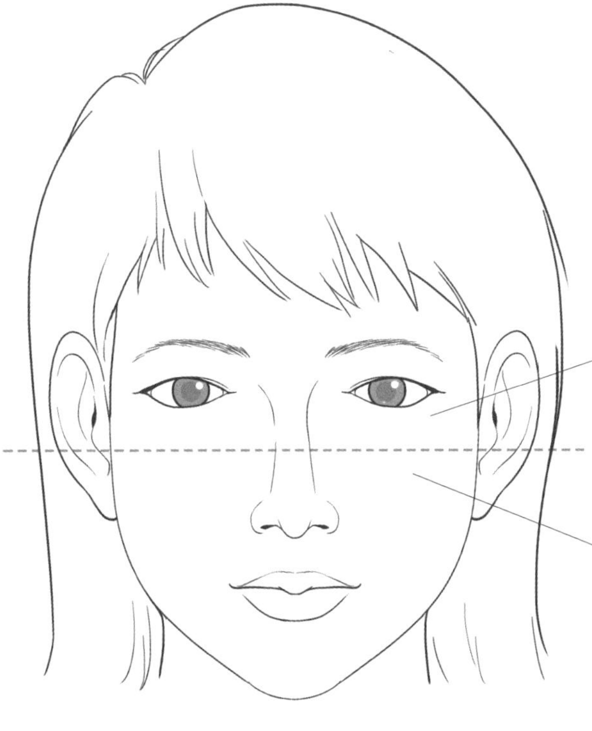

才能長久掌握權位；如果高而露，即見骨，則快上快落，高低反覆，極不平穩。

【顴低】

顴低者無權無勇，不要妄想掌權，即使有幸權位在手，也必成負累，皆因個人根本沒有能力駕馭。總而言之，顴在合格線之上，且有肉包裹者能掌權；顴在合格線之下而無肉包裹，則不利掌權，即使在行運中，亦不適宜從事要管理大量下屬的工作，以免弄巧反拙，影響到自己的運氣。

【兩顴不平衡】

人的面一般是不平衡的，有些左面高一些，有些右面凸一些。總體來看，左邊面看三十歲前，右邊面看三十歲後，故左顴高些代表三十歲前權位好些，右顴高些則三十歲後權位好些。至於兩顴如明顯不平衡，則其人多情緒不定，且容易出現雙重性格。

【顴柄】

看顴除了要看前面露出的骨外，還要看骨後延續的顴柄，因為只有顴高顴柄高的人，才能掌握大權，名為「顴插天倉」。得此相者，不但權力穩固，亦容易服眾。反之，如顴高、顴柄低，則其人雖有權力，但不穩固，主下屬爭鬥多或不得力。至於顴與顴柄皆低的話，則不宜從事要管理下屬的工作，必然吃力不討好，反而從事個人性或專業類的工作會較佳。

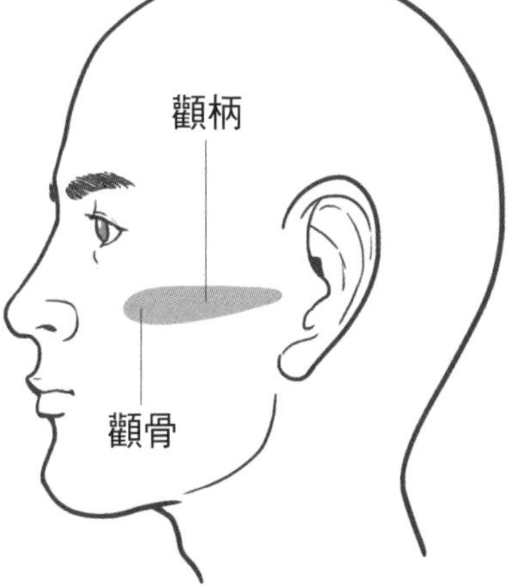

顴骨伸延至耳孔為顴柄低

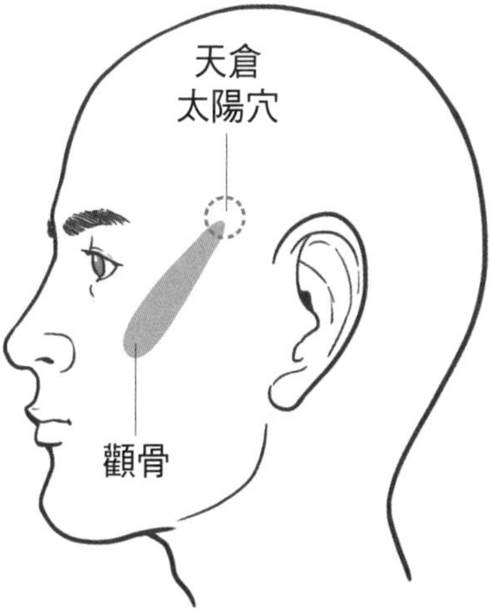

顴骨伸延至太陽穴為顴柄高

【顴骨的代表意義】

【看助力】

鼻是自主，兩顴是旁人，顴美者，一生易得旁人之助，做事自然事半功倍；至於有鼻無顴者，一生要親力親為，即使能幹，亦難免勞碌，終身不閒。

【看夫運】

女子雖然以鼻為夫星，但兩顴亦很重要。如果女子顴在中線以上，能助夫或旺夫——助夫即自己能扶助丈夫，旺夫則代表容易配一個事業順利的丈夫。

顴骨凸露者難免剋夫，如加上前額高凸為三顴面，其人難免剋夫再婚，唯有嫁不正常姻緣方容易維持。事實上，不少額高顴高的東方女性在嫁給歐美人士後，都能獲得幸福美滿的婚姻生活，皆因歐美很多女性都是顴高額高，陽氣極盛，加上男女在家庭及工作上較為平等，雙方都能夠互相尊重，故遇上顴額皆高的「三顴面」女性時，不會覺得她們太過強硬，反而覺得有主見、夠獨立。其次，這類女性配比她們大十年以上、同年以下或曾離婚者也能減免剋夫之力，但始終不及異地姻緣那麼美滿。

【看名聲、貴人】

兩顴色澤明潤，代表其人當時在社會上的名聲較佳；暗黑意味着難得旁人附和，且有官非禍事；暗瘡主與人不睦、爭鬥；有痣或眼尾有紋直侵兩顴，則四十六、七這兩年下屬反目，吃裏扒外。

【看性情】

男性顴向前，女性顴橫生，男凸女張，這是正常的。凡兩顴向前凸起，代表善於進攻；兩顴橫生，則代表善於防守，但當然亦有相反者。顴凸之人在順境時可以勢如破竹，但一遇逆境則明顯防守力不足，如加上心態上接受不了，就很容易一沉不起。至於顴橫之人，一般在順境時都不敢大舉進攻，故大多在商場上成就有限；但遇到逆境時，卻能夠長久抵抗，直至順境再度來臨。

顴不論向前或向橫生，一般露骨而沒有肉包裹者，必然脾氣差，無忍耐力，即使平常很溫文，在遇到刺激時，脾氣亦會突然爆發，難於控制，這也是為甚麼女性顴露骨，主婚姻不好的其中一個原因。

【看心性】

顴橫眼凸，為兇惡之人。不過，一般會相隨心轉，心善相善，心惡相惡，故很多從事偏門的人都容易有一副惡相。其實，他們不一定天生這樣，只不過在從事了這個行業以後，相才慢慢變惡。

四十八歲——準頭

四十八歲行準頭運，準頭不管尖或圓，最緊要是其肉堅實，氣色明潤，無紋痣，這樣財運必佳，亦容易積聚財富。最忌者為肉浮、毛孔大、多黑頭及帶紅絲，這樣必財難聚。得此相者，唯有少存現金，一有現金便馬上買一些可以換回金錢的物件，例如黃金。雖然沒有利息，但持黃金會比存現金為佳。

【鼻頭有肉】

「鼻頭有肉，內心無毒。」一般鼻頭肉厚的人，心地必然較為善良，但鼻頭肉過大者，難免較為吝嗇，看錢比較重，又鼻頭肉厚為正財鼻，一生難得意外之財。

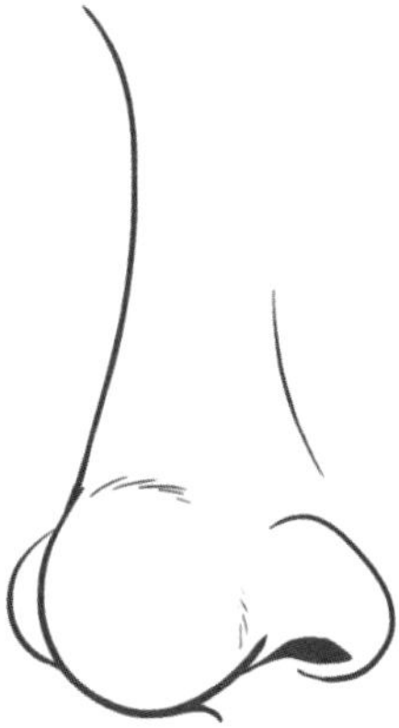

鼻頭有肉

【鼻頭尖圓】

鼻頭尖圓的人，性好藝術，即使並非從事藝術行業，對藝術亦有一定的鑑賞能力。他們喜愛漂亮的事物，為人感性，是一個完美主義追求者。

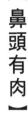

【鼻頭尖削】

鼻頭尖削者，一般個性比較極端，有愛之欲其生，惡之欲其死的個性，對朋友講義氣，對敵人講手段，是一個恩怨分明的人。又鼻頭尖削為偏財鼻，主一生財聚財散，難以積聚，一定要收入比正常開支大才能積財，故從事一筆錢來一筆錢走的不穩定性事業最容易成功。另外，不論男女，凡鼻頭尖削皆不利姻緣，尤以女性為甚。

【鼻頭有小坑】

這種鼻相俗稱「狗鼻」，主其人疑心重，喜歡發問但又不相信別人的答案。又鼻為財星，鼻頭有坑代表容易破財或常有無妄之損失，是自己控制不到的。

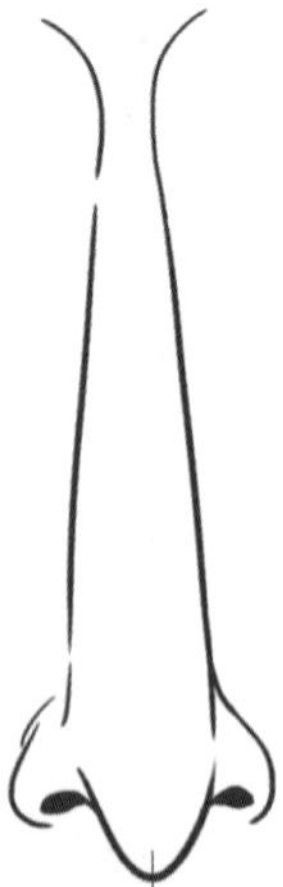

鼻頭尖削

鼻頭有小坑

四十九歲、五十歲——蘭台、廷尉

蘭台、廷尉，代表四十九、五十歲兩年，此兩處合稱「金甲」，即「金匱」、「甲匱」。顧名思義，這是儲積財富的地方。金甲以肉厚而堅實為佳，代表容易儲積財富，最忌空浮肉薄，鼻孔朝天，必一生錢財耗散。另外，金甲亦忌帶紅，主經常破財。

【金甲肉厚】

金甲肉厚，加上鼻頭有肉，為正財鼻，主錢財多靠儲蓄而來，宜從事穩定性行業。

【金甲肉薄】

金甲肉薄，為偏財鼻，主其人易得意外之財，惟一生財來財去，宜多買不動產，以免財耗。

【金甲現紅色】

金甲現紅色的人，一生常破意外之財，可能連違例停車告票都收得比一般人多。

【金甲起暗瘡】

鼻頭有暗瘡代表破正財，即短期內可能會花一筆正常花費，例如繳稅、去旅遊等；金甲有暗瘡，則代表容易破偏財，可能撞車要維修、收告票或有朋友向你貸款，無端白事不見一筆錢。

【金甲高低，大小不一】

此鼻名為「逢賭必輸鼻」，如發現自己有這種鼻，最好不要參與賭博，否則慘敗的機會很大。

【金甲有痣瘰】

金甲有痣瘰，就如櫃桶穿了洞，一生常有漏財之象，故不宜有太多現金在手，以免漏掉。

【鼻孔仰露】

鼻孔仰露是偏財鼻，但仰露如朝天一樣，則一生難以儲積財富，這樣晚年難免孤苦，故要積穀防饑，多買些實物如藍籌股等，這樣的話，晚年就可以靠收股息過活，但投機炒賣切記不宜。

論鼻相

良好的鼻相，大抵鼻樑要高，樑柱挺直，鼻頭有肉，金甲有力，最忌鼻樑低塌，鼻骨露節，紋侵痣破，鼻頭薄削空浮，金甲無力，以及鼻形過小。

以下介紹之鼻形，只是一些較具代表性的鼻形，不是每一個人都有下列這些鼻相，又或者幾種鼻形特徵集中在一起亦有可能。

但人面何止千萬？在下圖中如果找不到相同特徵的話，照基本方法去判斷便可——鼻樑是否夠高？鼻頭、金甲是否有力？

研習任何學術時，最重要是懂得觸類旁通，只要將鼻的看法消化入腦海中，熟習以後，不管看到何種鼻形，都能夠一一判斷。

一般鼻形

「一般鼻形」的意思，是指鼻不大不小，鼻頭有肉，左右金甲明顯，與面形配合起來時，不大不小。

得此相者，走到四十一至五十歲鼻運時，運程是平穩的。

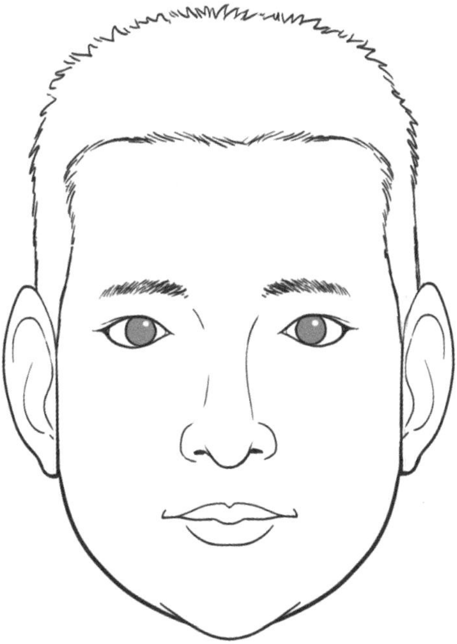

一般鼻形

大鼻

一眼望去，面上最突出明顯、最搶眼的部位是鼻的話，就是一個特別大的鼻。大鼻之人，一般不容易適應新環境、新事業、新生活，故很多時候會長時間，甚至終身從事同一個行業。可能因鼻大代表固執，自我意識強，所以這類人在熟習了一個行業後，便不想再轉他業，從頭學起，可見鼻大的人往往害怕轉變。

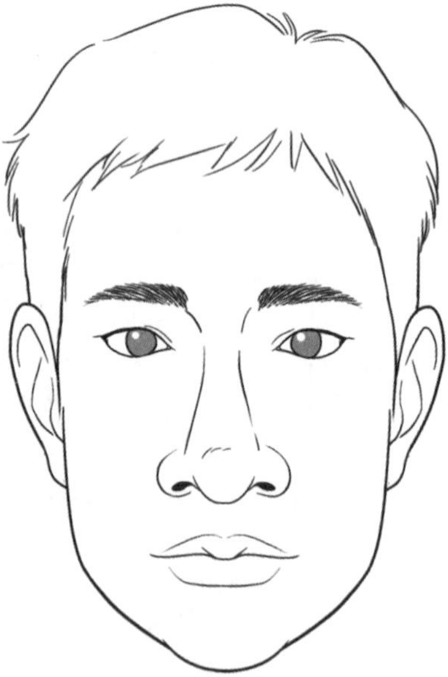

大鼻

細鼻

鼻是自我，鼻細的人自我之心不強，好處是容易與人溝通，樂於接受別人的建議，壞處是自信心不足，處事難決，不是一個斬釘截鐵的人。得此相者，上班還好，要是從商的話，則與人合作比獨自經營為佳。如鼻細配圓闊之面，主其人平生得貴人扶助，成功的機會比瘦面的人大得多；而面瘦鼻小的人則最宜從事不會給社會淘汰的專業類行業，這樣最少能衣食豐足，否則一生孤苦難成。

女性鼻小，不管面圓面瘦，在婚姻方面都難以靠夫，除非嫁不正常姻緣，才可能改變命運。

鼻長

鼻在三停中，位於中停的位置，如果上下停不是明顯較短，則中停長度佔面之

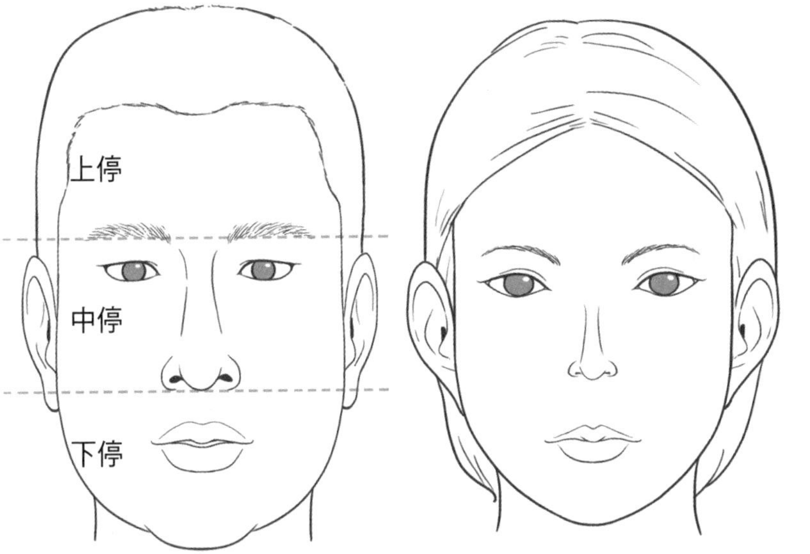

鼻長　細鼻

三分之一或以上為鼻形長。

不論男女，鼻長一般比鼻短為佳，主其人一生容易得到地位權力，或從事專門事業，做到「一言堂」，不用低聲下氣去求人、求生意。

又鼻為夫妻星，鼻長的人一般能得配偶扶持與欣賞，白頭到老的機會較大。

鼻短

鼻短者，即中停明顯較短，配圓面形還好，可借助旁人助力；如配瘦面形，靠自己打天下又力氣不夠，靠旁人又人緣不佳，一生難有大成。

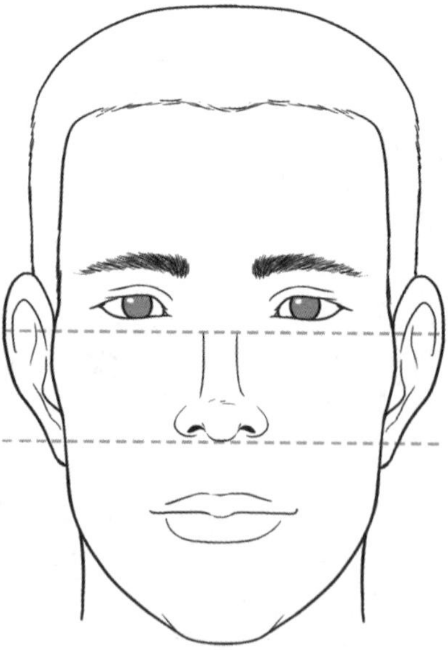

鼻短

鼻高

鼻高一般是指鼻樑高，即兩眼中間的山根位置，而鼻頭高是不計入內的。鼻高的人一般優越感重，自視亦高，帶傲氣，但這也是推動其成功的性格。

得此相者，對己對人要求都甚高，事事要求做到比別人出色，是一個不錯的下屬、不容易蒙混過去的上司。

鼻低

鼻低即鼻樑山根，也就是兩眼中間之處扁平或低陷，這樣即使鼻長鼻大亦難有作為，因

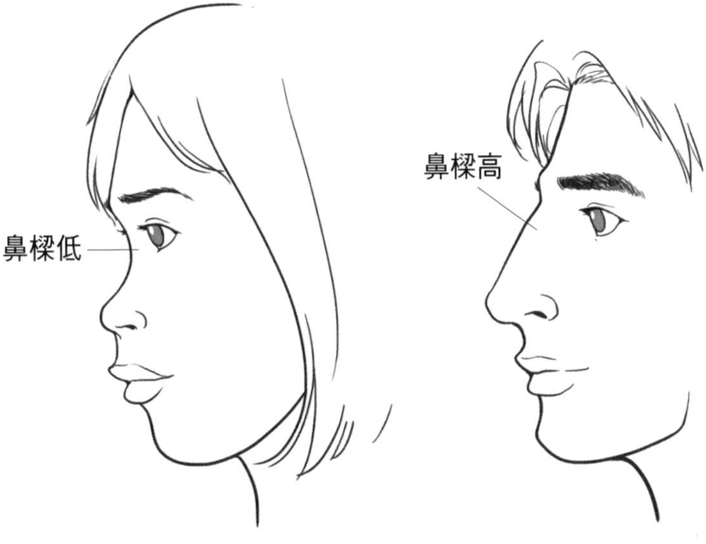

為起點不佳，最後成果必然稍遜。又鼻低的人明顯自信心不足，即使鼻頭鼻尖是高的，其人的自信心也是裝出來的。男性鼻低，事業成就一般不高；女性鼻低，一般難以依靠丈夫。

註：眼與面形比鼻重要很多，闊面形者即使鼻細、鼻低、嘴細、下巴尖、額又窄，但單單目有精光，便有機會達到不錯的地步。當然，守不守得下去，又是另一回事，但至少三十六至四十六歲這十年必然風光，不會因鼻樑低而影響到四十一至四十五歲期間的運氣。

鼻直

一般鼻正直的人，見到有問題時會當面點出，雖然有時令人不太好受，但至少是一個直截了當的人，不用整日猜想其喜惡。

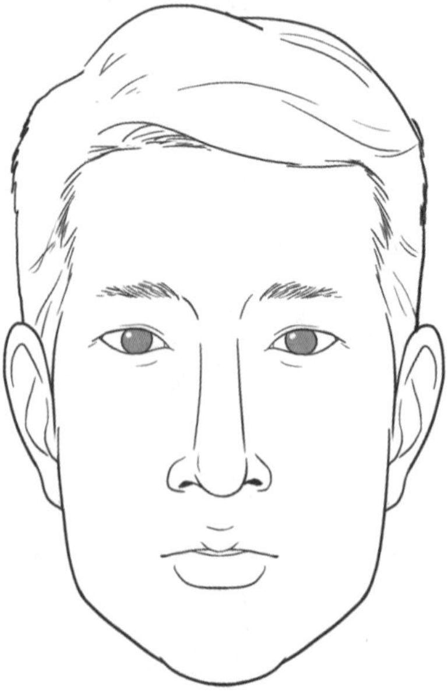

鼻直

鼻歪

鼻歪的人遇事不會直接反應，會在思想整頓組織好後才表達出來。雖然這樣不一定代表其人機心重、心眼壞，但至少可知他並非一個直截了當的人。又鼻歪向左，大多父親先去世，歪向右則母親先離世。

女性鼻形過歪，即歪得明顯，一眼就能看得出來的話，一般婚姻難得美滿。

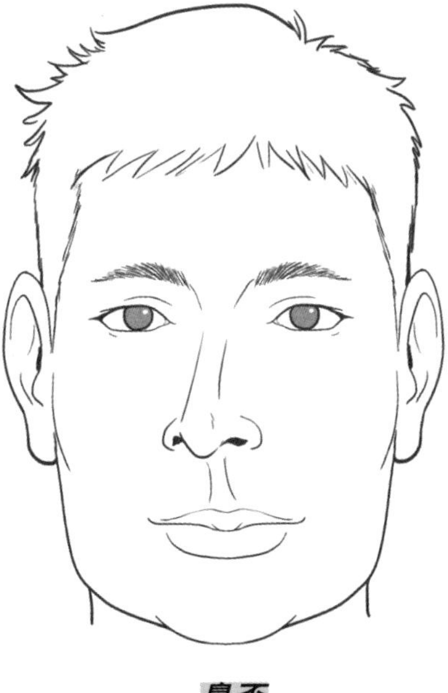

鼻歪

鼻彎

「鼻過三彎，其人必奸。」雖然鼻不容易出現三彎，但最少道出了鼻彎的人，工於心計，事事會謀定而後動，不會正面與你衝突，是一個不容易應付的人。又鼻樑為脊骨，鼻彎也代表其人脊骨彎曲，容易有腰背之疾。

女性鼻彎與鼻歪一樣，主其人難以靠夫，除非配不正常姻緣，才可能出現轉機。

鼻帶節

年上、壽上位置有骨微微凸起者，是為「暗節」；年上、壽上出現轉彎位，則為「明節」。

鼻樑有節，不利感情，尤以女性為甚，因鼻樑有節者大多疑心重，在找不到另一半時會聯想到伴侶是否正在與別的異性約會。但到對方回家後，她們又不會直接去問，以致整天疑神疑鬼，暗自在心中堆砌故事，直到有一天承受不了，便脾氣爆發，嚴重地破壞雙方的關係與互信。久而久之，自然會爭吵或分手收場，尤其在二十、二十九、三十八、四十一、四十四歲這幾年，要特別注意。

鼻彎

與暗節相比，明節的情況會較為嚴重，分離的機會更大，因為暗節可能只是在上述那些年歲，與伴侶有較多爭吵而已，但明節則一生感情難得美滿，即使晚婚亦不能白頭偕老。

拱鼻

很多人誤認拱鼻為鼻骨帶節，這是一個很嚴重的錯誤。拱鼻的女性，並無疑心重的問題，故不會影響婚姻。相反，拱鼻的人責任心重，能承受失敗和挫折，從失敗中再次爬起來。

拱鼻的人不太相信命運，只相信自己的努力，但幸運地，拱鼻的人一般能在事業上得到一定的成就，尤其配上一對黑白分明而有神的眼者，大多能夠在三十歲前

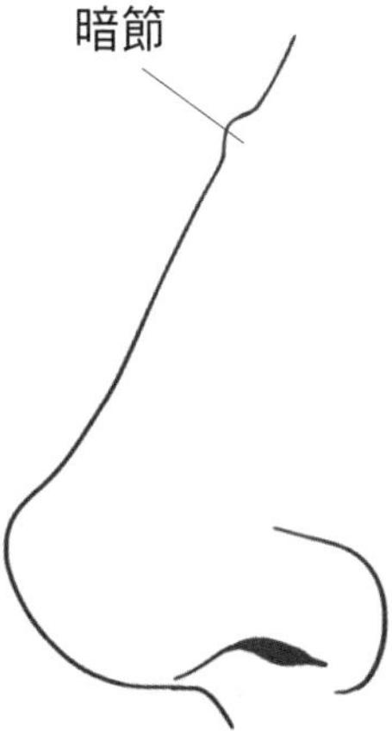

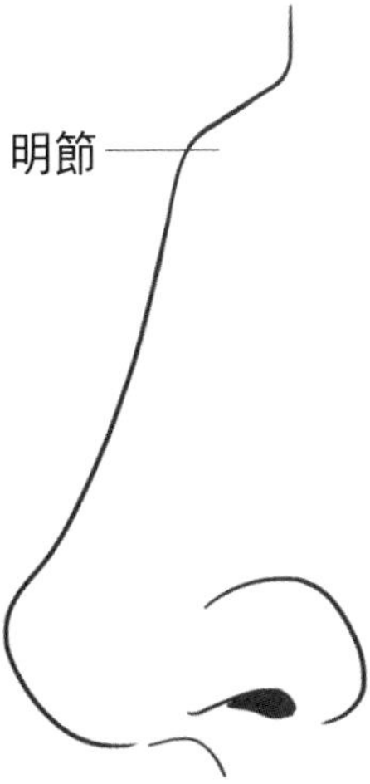

已有一番成就；如雙目無神，會在三十五至四十歲時跌下來，要在鼻運時重新起步。

又拱鼻的人從事收入不穩或冷門、偏門工作的機會，普遍比其他鼻形大得多。

羅馬鼻

羅馬鼻即年上、壽上之處明顯拱起成彎狀凸出。相學以凸出為陽，凹陷為陰，故羅馬鼻的人陽氣旺盛，進取心強，遇到困難阻力亦不會輕易退縮。由於羅馬人多有此鼻，故名「羅馬鼻」。又男性屬陽，女性屬陰，男性有此鼻具男子氣概，女性有此鼻則唯恐陽氣過重，脾氣剛烈，與伴侶出現爭執時，會半點不讓，不容易維繫一段長久的感情。

拱鼻

羅馬鼻

希臘鼻

希臘鼻，即鼻頭尖圓，鼻樑高直無一點缺點，主其人抱持完美主義。此鼻又稱為「藝術鼻」，代表這類人富有藝術氣質，由於希臘人多有此鼻，故被名為「希臘鼻」。有這種鼻相者，喜歡追求完美，故不容易找到一個理想對象，即使結合，也會覺得對方有所欠缺。不過，這並不代表他們的離婚率特別高，只是內心總覺得伴侶不夠完美而已。

猶太鼻

猶太鼻的鼻形為鼻準圓肥但略向下垂。鼻準圓肥為正財鼻，鼻準下垂則代表精於計算，故有猶太鼻的

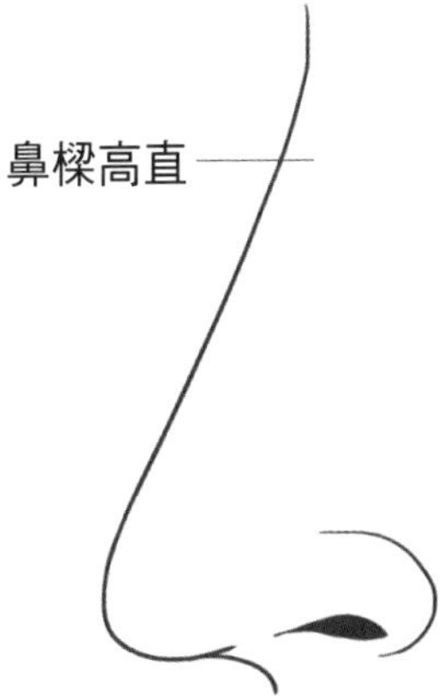

希臘鼻

猶太鼻

人，是一個精於計算的從商者，對金錢的運用相當精細，每每能在商界冒出頭來。由於猶太人多有此鼻，故稱之為「猶太鼻」。

垂肉鼻

「鼻頭垂肉，貪淫不足。」垂肉鼻與鷹嘴鼻及猶太鼻雖然相似，但細看實不難區分，尤其是從側面察看，會更加容易——垂肉鼻只是準頭的肉向下伸延，肉不厚，且不似與鼻樑有連貫，單單是鼻頭有一點肉向下垂。正面看的話，此鼻與鷹嘴鼻有點相似，但側面看就容易區分得多。

有這種鼻的人，個性貪吝，甚麼事情都要插一腳，例如做生意，最好從生產至零售，都是自己一條龍做出來。得此鼻相者，雖然間或有成功例子，但始終以吃力不討好的例子居多。這並不代表其人不誠實，只是他們往往高估了自己的能力。

垂肉鼻

鷹嘴鼻

鷹嘴鼻者鼻樑略拱，鼻頭尖而下垂，像鷹嘴一樣。書云：「鼻似鷹嘴，啄人心髓」，其實鷹嘴鼻的人，只是個性恩怨分明而已，並非如坊間說得那麼差。鷹嘴鼻與猶太鼻有相似之處，都是鼻頭肉垂向下，又兩者皆善於機謀計算，但猶太鼻是正財鼻而鷹嘴鼻為偏財鼻，故後者大多從事較冷門或帶有冒險性的工作。

鷹嘴鼻

另外，鷹嘴鼻亦帶有拱鼻的個性，主其人富進取心，且性格比拱鼻更為積極，為求目的，他們不惜付出任何代價，故成功來到時，成果是非常大的，又此鼻生於亂世的話，成就與成功機會會比較大。

鷹嘴鼻是一個很好的朋友，朋友有危難時會樂於伸出援手，但卻是一個可怕的敵人。

孩子鼻

孩子鼻，是指鼻略細，鼻樑較低，重點是鼻孔朝天，像小孩子仍未發育時的鼻子一樣。成人如長有這種鼻，代表其人有如小孩那麼天真，思想簡單，愛發問，而有孩子鼻者，女性可能十之有九，男性罕見。女性有孩子鼻的話，情況會較男性為佳，因為她們只要嫁給比自己大十年以上的丈夫便可。嫁給年紀較長的人，即使自己像孩子一樣每事問，老夫亦可以像教導小孩一樣，耐心講解。這樣，孩子鼻的女性會得到保護與安全感，而年紀大的丈夫又可以返老還童，算是互相配合的相格。

反之，這類女性如嫁給大自己一年以上、九年以下的丈夫，伴侶會覺得她太天真、每事問，開始的時候還好，久而久之便會失去耐性，繼而離婚收場。又孩子鼻因鼻樑低的關係，除了嫁老夫外，一般姻緣都不太理想，亦較難依靠丈夫，離婚的機會相當大。

孩子鼻

男性有孩子鼻更差，因鼻孔仰露，主無隔宿之糧，一般難成大事。這類人從事藝術還好，因要保持一顆天真的心；如果從商的話，難免處處碰壁，即使不是給人騙光了錢，也並不容易成功，因這種鼻形的人不擅長計算籌謀。

繼室鼻

女性有此鼻相者——鼻樑低闊，準頭圓起、肉厚，金甲闊大，為繼室鼻。昔日女性有此鼻者比例較多，這種鼻大多夫星無力，丈夫不是愛嫖，就是愛飲、愛賭，最後很大機會靠自己獨力養大子女，上代很多「寡母婆守仔」，都是這種格局。另外，又有謂「扁鼻姑娘奶奶相」，故有這種繼室鼻的母親，其兒子與媳婦都會對她

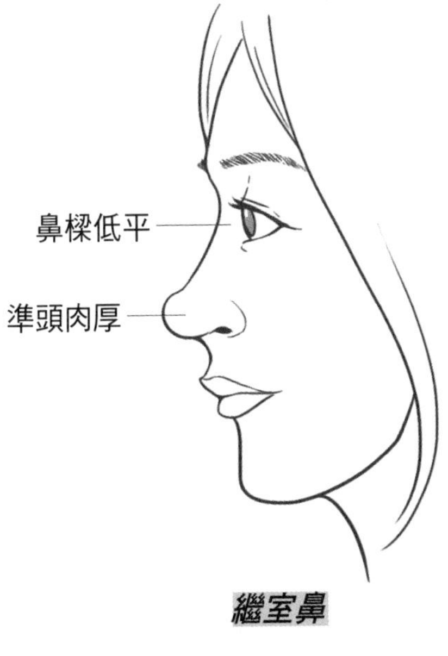

繼室鼻

不錯，大多能供養到老。

另外，如繼室鼻的女性能嫁給太太已經去世或曾離婚者，命運將可以改寫，因這樣靠到老公的機會會相對大增，亦比較容易得到美滿的姻緣。

男性有此鼻名「葫蘆鼻」，一般會較為勞碌，中年四十歲至四十五歲走鼻樑運時會較差，但如嘴、腮骨、下巴部位理想，晚年運亦可。

葫蘆鼻

二奶鼻

二奶鼻者，鼻形單獨看是正常的，有鼻樑，甚至挺直，而且鼻頭有肉，金甲緊鎖。但將之與整張臉一比，就明顯細了一兩個碼，好像錯放了在一個不配合的面形上。事實上，面大鼻細的人不一定長得不漂亮，反而很多人會覺得嬌美。你看看漫畫中的美少女不都是眼大鼻細、嘴細、尖下巴的嗎？故二奶鼻與其人長相漂亮與否，並不是構成是否做「二奶」的原因。

這類女性之所以成為「二奶」，主要是因為鼻為夫星，鼻形細小必然夫星無助；加上鼻細的人缺乏自信心，很多時會傾向跟一些條件或相貌不太好的人走在一起，覺得這樣對方會對自己好些。但筆者常說：英俊男生會去「滾」，貌醜的男性一樣會去「滾」，有錢與窮的也一樣。二奶鼻的人選擇了一個條件差的伴侶，最後必然人財兩失，分手收場。於是，當再重新開展感情時，她們會找一些有事業成就的異性，無奈這些人大部分已經結婚，結果自己就成了人家外面的女人。究其原因，主要是鼻太細小，夫星難靠，唯有配不正常姻緣才有機會改變命運。不正常姻緣即伴侶比自己大十年或曾離婚，又或者大十年但未離婚的，這樣會比較容易依靠到男性。

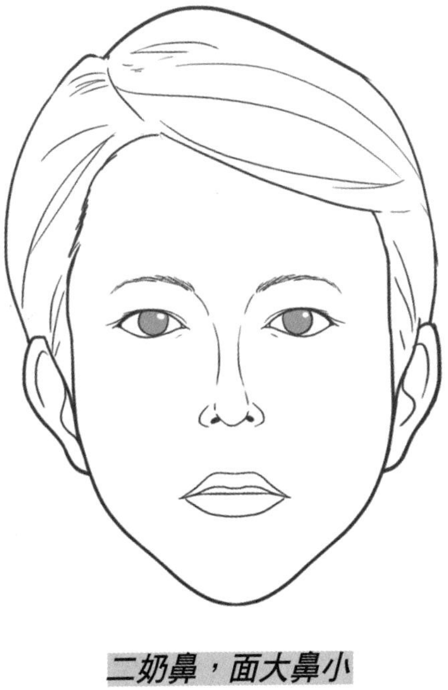

二奶鼻，面大鼻小

獅子鼻

顧名思義，這種鼻好像獅子的鼻那麼大，而且金甲橫張而肉厚，一看便知道是正財鼻。以前我的掌相老師也是這種鼻相，故一生只從事一個行業，到了退休以後才專心教授掌相。

鼻細的人善於變通，為人較為靈活；鼻大的人則古板固執，難以接受新知識、新事物，故鼻大者一般容易從事專門性工作或擔任政府公職。獅子鼻的人雖然個性固執，但心地算是善良，即使不一定樂於助人，但也很小機會去害人。

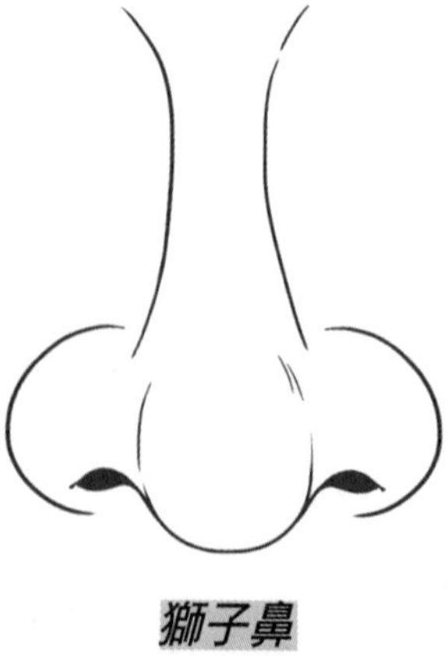

獅子鼻

插蘇鼻

插蘇鼻即金甲闊大而肉薄，形成鼻孔很大。得此鼻相者，一生錢財難以積聚。鼻樑高直而長還好，可以從

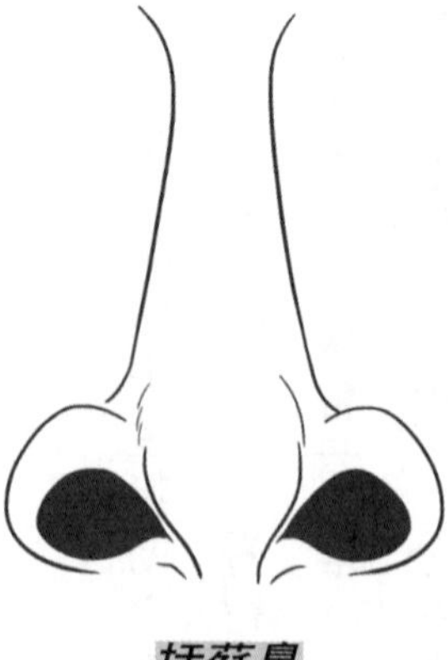

插蘇鼻

事公職或專門技藝，如鼻樑低、鼻短，則唯恐一生錢財短缺，朝不保夕。由於這類人一生難以聚財，如不想晚年貧困，一定要盡早開始積穀防饑，但腮骨闊、下巴兜者，亦可以在五十多歲後有一番作為。

豬膽鼻

豬膽鼻的特徵為鼻樑略窄，至年上、壽上逐漸闊大，直至準頭與金甲為最闊之位，像一個懸垂的豬膽一樣。

古相書常常強調懸膽鼻富，因懸膽鼻樑柱高直，鼻頭肉厚，金甲有力，正面看不見鼻孔，在古代社會是逐漸積聚財富而成富豪之相。但在現代發達社會，靠儲蓄致富的機會不大，故此鼻形只可說是衣食豐足而已。

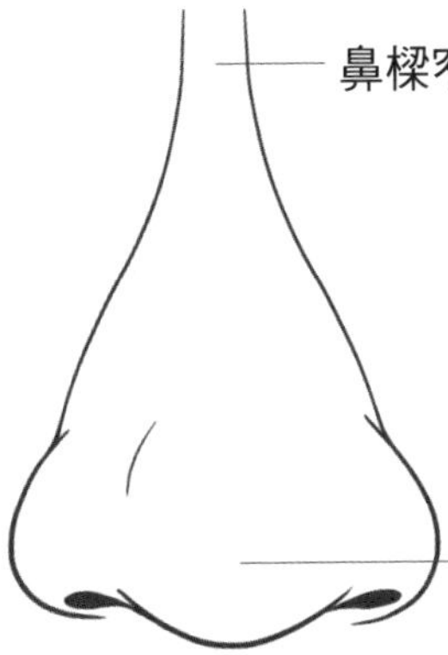

豬膽鼻

豬膽鼻的鼻形雖大，但男性一般甚怕老婆。其實很多鼻大的人都是這樣，對外堅持己見，在家則偏聽妻話。又豬膽鼻鼻樑窄、鼻頭闊，如果額高闊的話，鼻樑便會成為一個樽頸位，令少年之氣不能順鼻樑直下，主二十九歲那年會有生命之厄。不過，如額低窄則無礙，且走到中年鼻運時生活會更為豐裕。

伏犀鼻

如鼻樑接連印堂直下，形成一個又長又高的鼻，即為伏犀鼻。有謂鼻長者貴，所以其人必是中上人士。現代很多整容的人，都喜歡把鼻墊高，好像處處可見伏犀鼻，惟後天加高是沒有用的，不會因把鼻形拉長、把鼻樑墊高而入貴格。事實上，有時這種鼻形配上一些短闊的面形，看上去反而極不協調，令人有怪異的感覺。

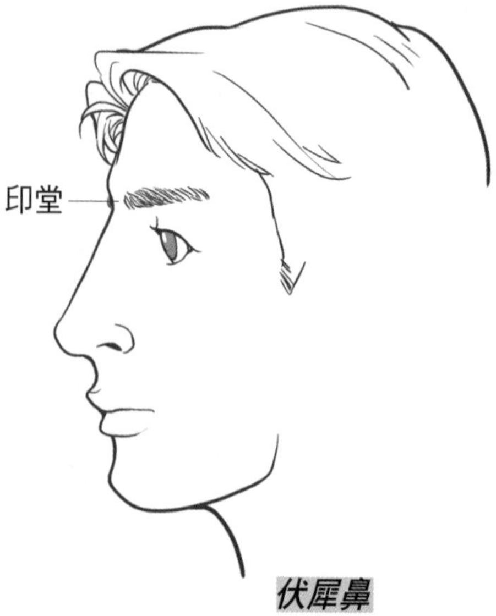

伏犀鼻

單犀鼻

單犀鼻的特徵在於鼻樑起自天庭之位，筆者至今仍未曾見過。根據相書記載，此鼻形比伏犀鼻還要高一級，更為顯貴。

蒜頭鼻

蒜頭鼻是指鼻樑窄小，鼻頭與左右金甲分明，好像三瓣蒜頭掛在鼻子上一樣。鼻代表婚姻與錢財，鼻樑窄，不利婚姻；鼻頭、金甲削薄，不利財聚。女性方面，宜遲婚或嫁不正常姻緣，才有可能依靠丈夫及得到美滿姻緣；男性有此鼻，則婚姻與財富都難免較弱，唯有積穀防饑，以保晚年衣食。

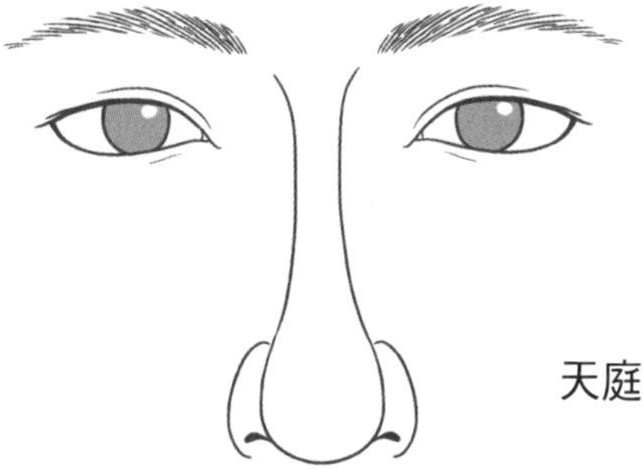

蒜頭鼻

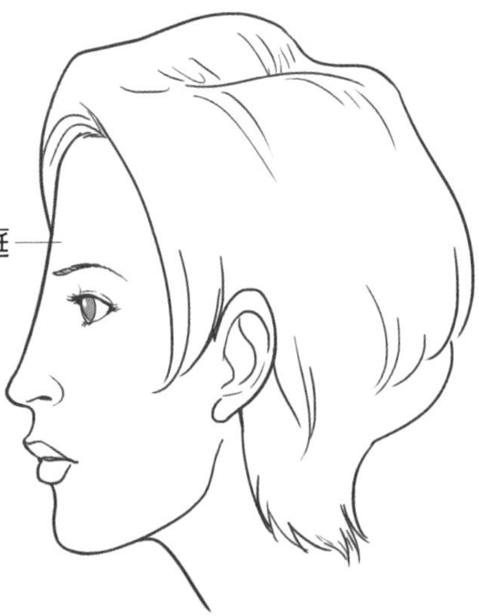

單犀鼻

截筒鼻或鋸藕鼻

這兩種鼻形，看上去如圓筒或蓮藕，肉厚而孔小，古稱之為大富之鼻，因肉厚孔細代表其人慳吝，多入少出，能夠積蓄。但時至今日，慳吝已不是致富之道，故此鼻在現代最多只可達到小富而已；惟鼻子樑柱高圓，代表不論男女，婚姻方面都比較容易美滿。

五嶽無主

五嶽無主即面大鼻細。所謂五嶽，額為長上，顴為朋友，下巴為晚輩，鼻為自己。五嶽無主之人，平生近貴，面面俱圓，手腕比較圓滑，易得貴人扶助，惟自己較難獨當一面。

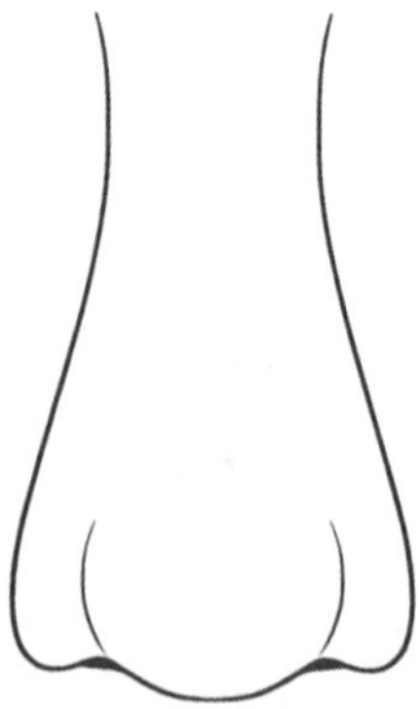

截筒鼻

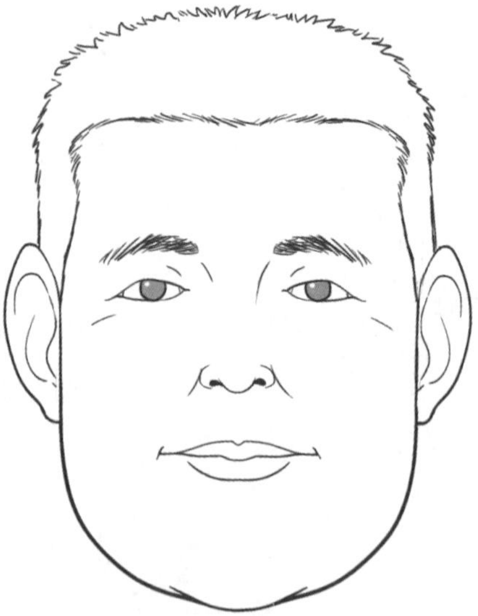

五嶽無主

孤峰獨聳

面瘦削，太陽穴瘦陷，但鼻形高長直大者，是為孤峰獨聳。因鼻為自我，故孤峰獨聳的人較為自我，往往難於接受別人的意見，難得人和，宜從事專業且不用與人合作的工作，如從商則不太合適，因其人難得人和。又鼻為妻宮，故其人除了能與妻子相處融洽外，其他關係如父母、子女、朋友一般會較為淡薄，最多只能做到互相尊重而已。

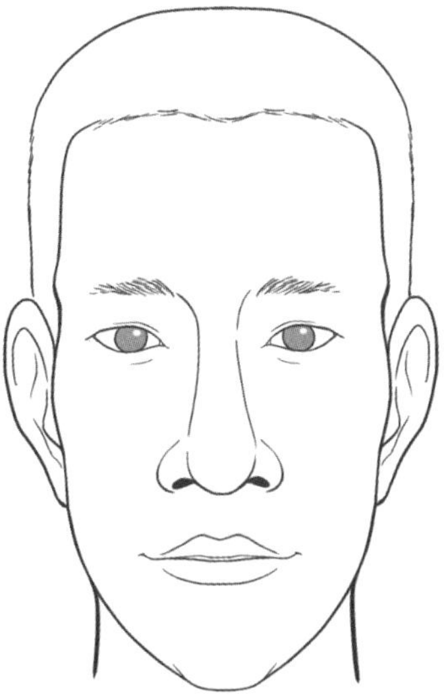

孤峰獨聳

古訣論鼻（一）

【相山根】

山根為孛星。鼻樑上也。宜高不宜低折。若鼻樑不斜曲。而常常瑩潤者。晚年有祿。主男得賢妻。女得賢夫。富貴壽考。若是無肉。與人不足。可宜守善心。不可與交接。山根連額。鼻樑隆隆而起。與額平者。主位至三公。山根蹙折。鼻樑蹙小陷折者。主貧乏無成。山根低暗。鼻樑無肉而枯暗者。主與人多不足。山根不陷。主壽。山根斜曲。官災。

詩曰　凡人眼下枯無肉。定見妻兒多不足。
更及山根肉亦薄。夫妻對面相泣哭。

【相鼻】

鼻為中嶽。其形屬土。為一面之表。肺之靈苗也。故肺虛則鼻通。肺實則鼻塞。故鼻之通塞。以見肺之虛實也。準頭圓。鼻孔不昂不露。又得蘭台廷尉二部相應。富貴之人。年上壽上二部。皆在於鼻。故主壽之長短也。光潤豐起者。不貴則壽富也。色黑肉薄者。不賤則夭。隆高有樑者。主壽。若懸膽而直截筒者。富貴。豎有骨者壽相。準頭豐大。與人無害。準頭尖細。好為奸計。多生黑子者。迍蹇。有橫紋者。主車馬傷。有縱理紋者。養他人子。鼻樑圓而貫印堂者。此人主美貌之妻。

訣曰。鼻如截筒。衣食豐隆。孔仰露出。夭折寒索。鼻如鷹嘴。取人腦髓。鼻有三曲。孤獨破屋。鼻有三凹。骨肉相拋。準頭宜直。得外衣食。準頭豐起。富貴無比。準頭帶紅。必走西東。鼻厄露骨。一生汨沒。準頭垂肉。貪淫不足。準頭圓肥。足食豐衣。準頭尖薄。孤貧削弱。鼻聳天庭。四海馳名。鼻樑無骨。必夭壽歿。鼻露見樑。客死他鄉。鼻準尖斜。心事鈎加。準頭常欲光潤。山根不得促折。

鼻準拱直。富貴無極。鼻樑高危。兄弟羸微。鼻樑不直。欺詐未息。鼻孔出外。誹謗凶害。鼻上黑子。疾在陰裏。鼻上橫理。憂危不已。若是明大。富貴如是。鼻柱不平。姿的他性。鼻柱單薄。多主惡弱。鼻如縮囊。到老吉昌。鼻如獅子。聰明達士。鼻高而昂。仕宦榮昌。鼻上光澤。富貴盈宅。鼻頭短小。志氣淺少。鼻柱廣長。必多伎倆。鼻直而厚。主子諸侯。鼻有缺破。孤獨飢餓。

詩曰　鼻如懸膽身須貴。土曜當生得地來。若見山根連額起。預知榮貴至三台。
鼻頭尖小人貧賤。孔仰家無隔宿糧。又怕曲如鷹嘴樣。一生奸計不堪言。
準頭尖薄最窮波。鼻上帶紋痣厄多。露穴主貧短無壽。鼻長有壽百年過。
鼻偏左去父先亡。右去須知母亦傷。穴孔大而財不聚。準頭圓厚富而長。
山根青色有災侵。法令紋深好殺心。鼻準如鉤財上毒。宜垂如膽富年深。
準頭有黶陰中有。上下生黶左右同。樑柱有黶陰背上。見時敢道有神功。
法令紋中黶子惡。左邊父死而無覺。右邊母喪亦是然。萬個之中無一錯。
四嶽窪低鼻獨高。財散貧寒宿世招。露齒結喉鼻孔露。必然餓死在終朝。

古訣論鼻（二）

【鼻為審辨官捷徑】

鼻為中嶽。五行屬土。為一面之表。肺之靈苗也。須要端正聳直。山根連印。年壽高隆。準頭隆起。形如懸膽。齊如截筒。色鮮黃明。乃審辨官成矣。準頭圓。鼻孔不昂不露。又得蘭台廷尉二部相應。富貴人也。左右胞曰仙庫。左胞名左庫。右胞名右庫。竅為庫之門戶。欲小而齊。庫厚而隆。戶小而藏。內有積也。庫低而薄。戶大而露。內無積也。又云。鼻陷則財帛散耗。孔仰謂之鷺鷥鼻。主孤貧。山根斷到準。兩邊大者謂之葫蘆鼻。最勞賤。尖垂勾薄如鷹嘴者。心惡貪財吝嗇。愛便宜。垂肉奸淫。龍鼻主貴。獅子鼻主富而壽。年上壽上二部皆在於鼻。主壽之長短也。光潤豐起者。不貴則壽富也。黯黑而小薄者。不賤則夭也。隆高有樑。主壽。若懸膽而直截筒而齊者。主富貴兩全。堅而有骨者。兼壽相也。兩竅收藏者。中年。顴鼻富貴。孔大不露。容一指者。聰明。準頭高者性慈善。小而骨露者一生辛苦。兄弟不得力。沉毒性狠。面大鼻小者。終必離祖破敗。男剋妻。女剋夫。指左不利父。指右不利母。蘭廷高者貴。無蘭廷者敗。準頭圓淨端有珠者富。準頭尖圓者好藝術。鼻凹者離祖。上有骨節露者。妻隔角外淫。如劍脊者性剛。屈節者中年成敗孤獨。左邊肥者兄好。右邊大者弟好。曲左為反吟。曲右為復吟。一生成敗。亦主剋妻。鼻白莖亦白。鼻痣莖亦痣。鼻樑圓而貫印堂者。其人主美貌之妻。

黑子在山根。主妨妻害子。在鼻側大凶。在壽上兄弟難為。在印堂當中有黑者貴吉。又云。右鼻有痣。主獨日。年壽有痣缺者。有偏僻疾。準頭有痣在痔病。山根有痣。正者有富。偏者主水驚失缺。準頭多黑子者迍蹇。

紋。在鼻上有橫紋者。主車馬傷。有縱理紋者。主養他人子。山根年壽有橫紋及生節。主夫妻隔角。有紋如線過兩邊。或兩三條。妻主產死。直紋穿印堂。及羊刃眼者。主自縊。蘭廷紅白筋者。貪酒色。準及年壽上有紅絲筋者。主溺死。年壽上有羊刃紋多在上者。主刀鎗險。一紋一次。鼻有川字紋者。主聰明富足。山根有八字紋者。主剋妻。山根有兩紋。直射印堂。主祖業消亡。亦主火憂。黑斑在年壽上者帶疾。

氣色。印堂。山根光明者吉。黯慘凶。山根青黑色為催屍殺。動主死。忽然生斑麻痣點。主痔疾。準頭為財帛官。光明瑩潤主財。黑暗者退財。準頭黃明者。吉慶立至。黑主大病。紅白者破耗。準頭紫黑者有疾。末年孤貧成敗。準頭黃光者。得貴人財。及橫財。有目前喜慶。老年見孫。黑氣起。主心腹疾。婦人主血氣疾。紫紅相兼。主牛馬失。黑點蓋紅赤色。有文書事憂。不然。外事相累。山根年壽上黑點似豆者主死。赤點蓋黑者防相打是非。年壽黃明者吉。黑主病。赤主官災。青主破耗。準枯。防腎家病。及水穀不分。赤枯者發心病。赤潤夜夢多險。年壽一路小青黑色不散。必有官事重憂。準頭及年壽光瑩。兩臉腮紅黃。主添子孫。年壽兩邊沉滯青黑。主是非口舌官事。如無。亦破財有災。準上黑氣。主溺死。鼻上赤過。主官事口舌。鼻上青一指。必主卒暴。輕則口舌。黑重主死。鼻上青如一線。主重災。生是非。透過天庭準頭者死。欲觀在任吉凶。看年壽二位。一分黃明。一年無事。二分黃明。二載平安。三分黃明。三週吉利。年壽四時黃。財帛喜非常。

賦曰。鼻居中嶽而主財帛兮。宜端正而豐隆。鼻高聳而準大兮。乃為天府之三公。伏犀明而衝天兮。必拜丹墀於九宮。何知高貴兮似懸膽。何知富厚兮如截筒。準頭垂肉兮。性多淫而心頗折衷。鼻頭尖薄兮。口多義而行涉奸雄。年壽豐厚兮。鎚寶盈充。井竈仰露兮。爨火久空。龍虎獅牛之鼻兮。不登將相而作富翁。猿犬魚鷹之鼻兮。不為工藝而必奇窮。

【鼻說】

世之呼鼻曰鼻祖。不知祖之名何為而說也。凡人父母初交姤時。則曰混沌時也。散精於母胎。則曰太極時也。此即先立腎。腎即命也。後立心。心即性也。為天一生水。地二生火之象。在卦以先天論。心曰乾。腎曰坤也。既已受生於胞胎內。其形如卵。隨母呼吸受氣而成。此縷（即臍帶也）與母聯屬。漸吹漸開。中空如管。通氣往來。前通於臍。後通於腎。上通夾脊泥丸至山根。而生雙竅。由雙竅下至準頭。始生鼻形。而成兩孔。是以名曰鼻祖。其理甚微。其義甚確。鼻統屬金。惟準屬土。所以肺虛則鼻通。肺實則鼻塞。故鼻之通塞。以見肺之虛實也。相法以鼻為中嶽。要聳直豐隆而起。山根不斷。年上壽上。充滿光明。準圓有勢。仙庫要滿。可取人格。如反此者。貧賤相也。低小者膽小。尖薄者下劣。露竅者必貧。垂肉者必淫。蘭廷不並。一子之相。準頭低曲。慳吝之徒。

古訣論顴鼻（三）

【顴骨】

四十六七行顴運。權在於顴。未有無顴而有權者。況佐土星行運。無顴則鼻無輔。無輔則不大發。故顴者主一生之權勢。司中年之榮枯者也。以肉包為貴。以關鎖為榮（兩顴起而不下流者是）。無肉包多災（性情乖戾）。無關鎖瀉氣。從未有無肉包而久掌大權者（即幸有權。以權獲禍）。亦未見顴瀉氣。而克握重柄者。何以無權。曰顴太低陷。又何以顴高鼻配。並不發權。曰顴有破沖（骨破不遇非禍。即夭。紋亂顴。是破顴。則無權。若眼下有紋至顴。亦為沖顴）。又何以顴高鼻配。並無破沖。仍無大權。曰官星失陷（目昏及凸凹小短等）。印綬無根（印堂凹陷。紋沖眉犯）。故論顴以鼻為配。以面為衡。若鼻小面削。則中年大敗。何權之有。以目為主。以印為源。若印陷目渾。則作嫁依人。何權之有。且來龍是天倉。倉凹無大權。氣在命門。鬢閉不發權。露多刑沖（性情暴急。當權多反覆）。反則災禍（性悍橫。多橫禍）。流者無大權。腫者尤多災。是以有印。有目。有鼻。有顴。而面起重城者（四水流通。功名自必到老。顴下有托。氣勢又不下瀉）。則至貴。若插天倉。是權通天道。插天庭。是權佐天王。皆大貴器也。

女人顴高不榮。隱隱平平為貴。若高。若粗。若橫。反若皆剋夫（女子顴露聲雄七夫不了。又顴高額尖三夫不止。兩顴露。刑夫。露不平。剋夫。要知三度嫁。女作丈夫聲）。

【鼻】

【一 鼻之關係】

四十一至五十歲。行鼻運（如細言之。則四十二在精舍。四十三在光殿。四十六在左顴。四十七在右顴）。鼻為五嶽之主。陷則五嶽無主。雖別有好處。亦不大貴。是鼻為一面之尊也。相法云。鼻小無官。又云。問財祿準頭為主。是鼻為富貴之根也。況上為山根。可覘根基。未有山根塌折。而不敗祖業者。中為年壽（年上壽上）。可定壽夭。未有鼻樑無骨。鼻樑太塌。而尚享長壽者。下為準頭。乃土之主。正萬物生成之地。未有準頭圓肥而無財祿者。但來龍是山根。折低則來龍弱。輔佐是兩顴。流陷則發難大。鼻短氣亦薄。孔露氣亦瀉。達摩云。三品斷無鼻上失氣。小貴間有上塌下圓。蓋鼻有輔乃貴。無輔不榮。有氣乃發。無氣多敗也。

【二 鼻之單犀骨及伏犀骨】

鼻有單伏犀骨尚矣。準至頂曰單犀。樑至印曰伏犀。故單犀更貴。但眼為官星。眼若昏濁。必成孤窮。是單犀以目為貴也。問壽在樑。樑柱不全。必愈促壽。是單伏犀以樑為壽也。況鼻有單伏犀。是來龍氣旺。又要準頭圓滿。蘭廷高隆。方配載氣。若兩孔仰露。譬如長江大河。上流滔滔而來。至此灘缺之地。無不崩潰之理。可見有單伏犀而無準頭蘭廷。中年即見大敗。甚矣相之不易言也。

【三 鼻之格局】

高隆主大富貴。圓滿主多財祿。樑有骨則春。準頭潤則發。問何以鼻高不貴。曰必是孤峰（顴不高。鼻獨聳）。此主孤貧。豈但不貴。故高而不稱者凶。問何以樑全不壽。曰必是露樑（鼻無肉。樑骨橫者是）。此主破敗。豈但不壽（又多客死）。故骨以隱為榮。問何以準肥而貪。曰是葫蘆鼻（山根折塌。到準兩邊而大）。勞碌下賤。蓋鼻為五嶽之主。通三才之要路。司中年之窮通。山根要聳。不可折陷。年壽要隆。不可起節。準頭要肥。不可勾曲。蘭廷要開。不可掀仰。黑子多迍邅。斑點主血痔。破缺主孤貧。肉垂多淫慾。

【論上唇】

上唇的部位，掌管五十一至五十五歲的流年運程，包括人中、食倉祿倉，以及左右仙庫。

人中宜深長闊，食祿倉及仙庫宜飽脹，代表中年運程能夠順利過渡到晚年。相反，如人中淺窄，食祿倉、仙庫平坦，則鼻之氣勢下達人中時，會因部位平坦而溢出氣散，又氣散則財散，代表五十歲前之運氣容易潰散，不能順利過渡到晚年。

由此可見，少年運氣經印堂下至鼻，中年運氣經人中至大海（口），一氣呵成。如腮骨有力，下巴前兜，代表崖岸夠高厚，必然能財聚而不瀉。

假若其人印堂陷，人中淺，則一生成敗高低必然較多，運程亦必然反覆。

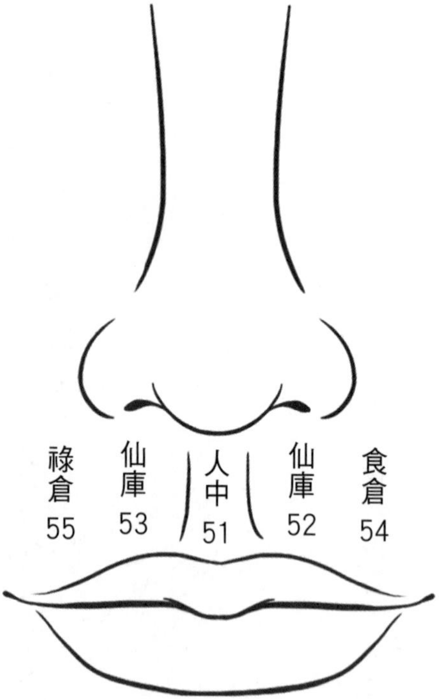

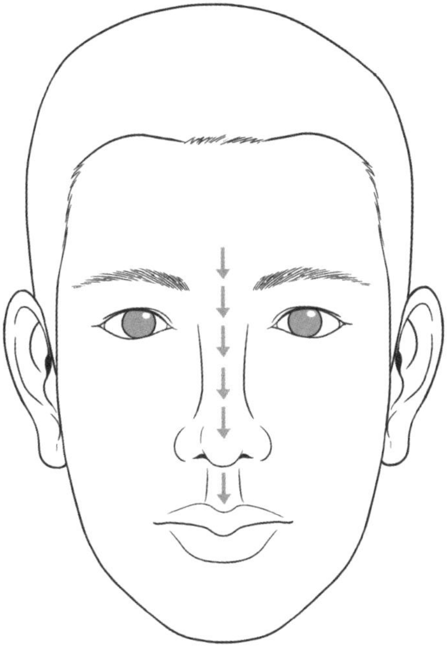

山根高闊，人中又深又長，
加上食祿倉和仙庫飽脹，
氣順流而下

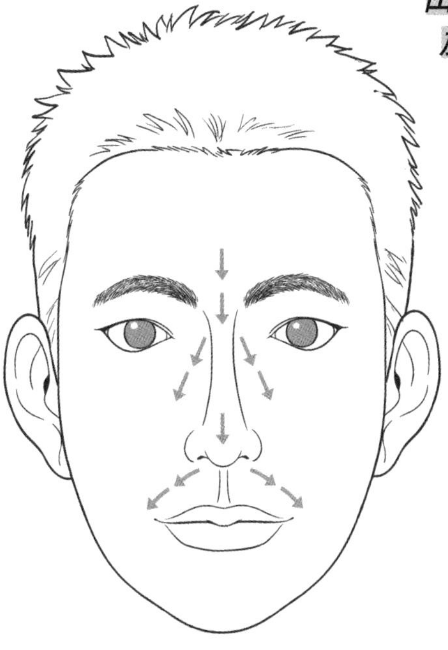

山根和人中窄，氣不聚而溢出，
無法通關

人中

五十一歲行人中，人中是中年運通關到晚年之處，如引水道一樣。中年運氣愈強，人中愈要深闊，否則過渡至人中時，氣會溢出，不單錢財容易耗散，且有生命之危，故人中又名「人沖」，沖散之意也。

又人中淺窄，如再加上鼻頭垂肉、上唇蜷縮，主五十一歲時容易三代相爭，即父母、自己或子女容易有災厄或性命之險，故人中在面相上所佔的位置是極重要的。

另外，凡人中正直者，其人慎言；人中歪斜，則常妄語，是其中一個看人言行之處。

看子女緣分

人中能看子女多寡、生產是否順利，以及先生男抑或先生女。一般人中深闊者，子女多而易養；人中淺窄，則子女少而無緣。

看壽元

人中亦是看壽命長短之處，一般相書皆謂人中長，長壽；人中短，短壽，但這只能作參考而已，不能單靠人中一個部位來推斷壽命之長短。

事實上，人中會隨着年齡而增長，所以在街上看到老年人時，不難發現其人中往往較長。試想如果年輕時人中已那麼長，看上去不是很奇怪嗎？

人中又代表子宮，所以人中如果有痣瘰，容易有子宮病；男性人中有痣瘰，則代表妻子容易有婦科病。

又因人中是看子女之處，故有痣瘰紋痕，代表子女緣分差，尤其在命主五十一歲至五十五歲這幾年，關係會特別緊張，要到五十五歲過後才有機會修補裂痕。

人中形態

【劍尖形人中】

得此人中者，子多女少，且第一胎誕下男嬰的機會非常高。如果夫妻的人中形狀各異，就應以男性為準。

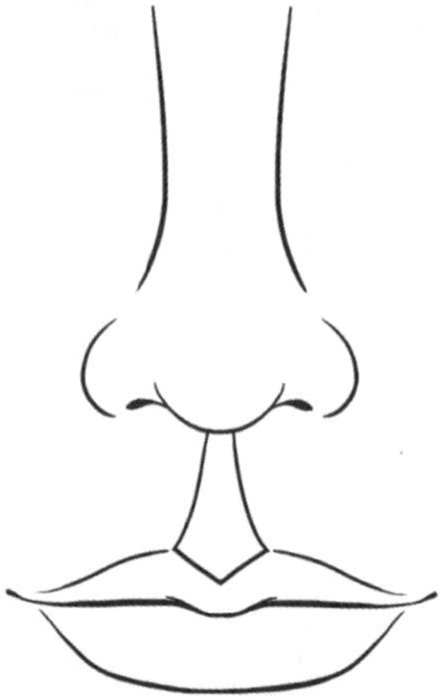

劍尖形人中

【圓窩形人中】

大多是女性有這種人中，第一胎生女的機會相當大。

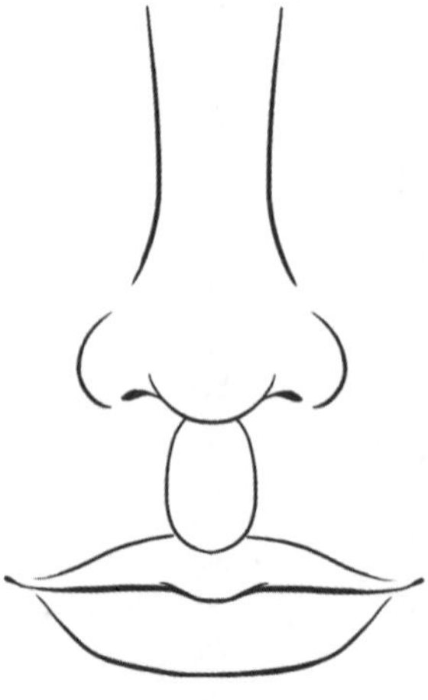

圓窩形人中

【人中偏左】

第一胎先生男，亦代表容易父親先去世。

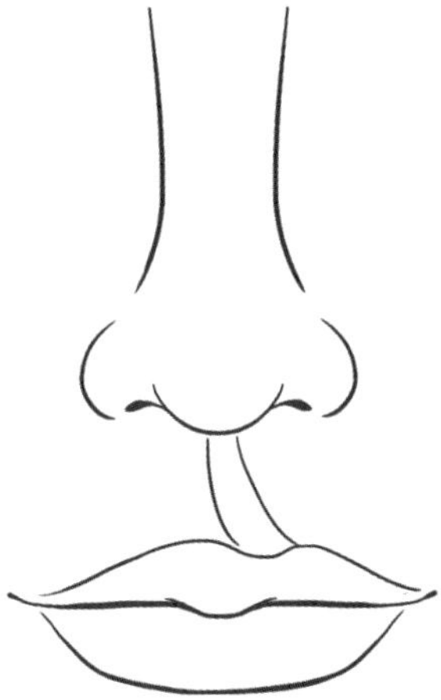

人中偏左

【人中偏右】

第一胎先生女，亦代表容易母親先去世。

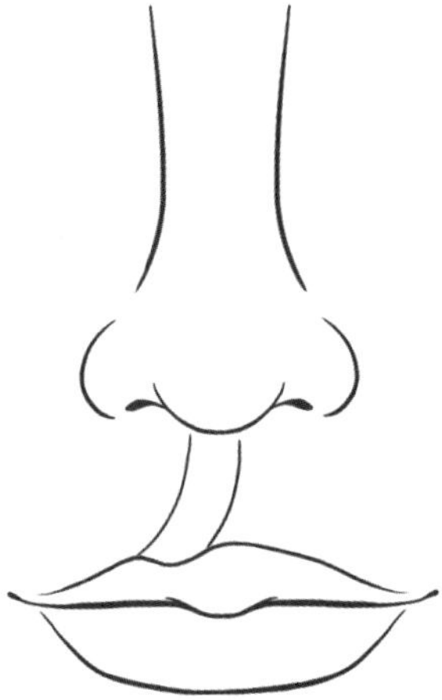

人中偏右

【人中深闊而長】

人中深闊而長，代表長壽，而且子女多而易養，感情亦佳。

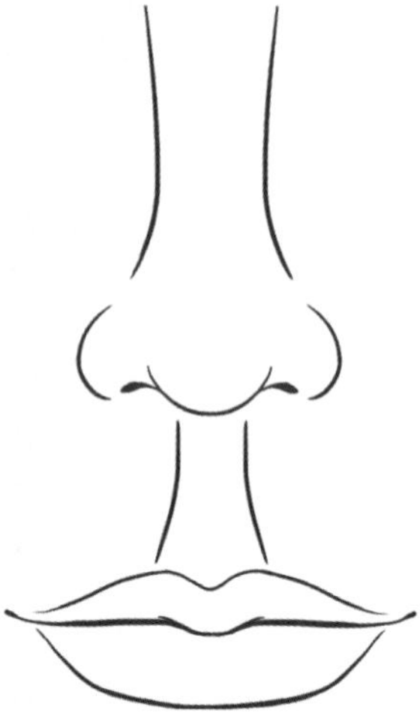

人中深闊而長

【人中淺窄而短】

子女較少，緣分較薄，晚年身體較差。但如果腮骨有力，下巴前兜，雙目有神采則影響不大，因人中看壽命只是一個參考而已。

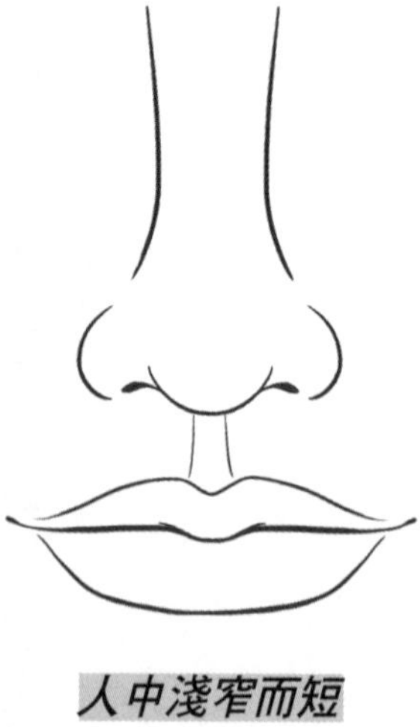

人中淺窄而短

【人中如一線】

絕少尸位素餐，又主假養他人之子，但與自己的兒子卻不相往來、反目，甚或無子。

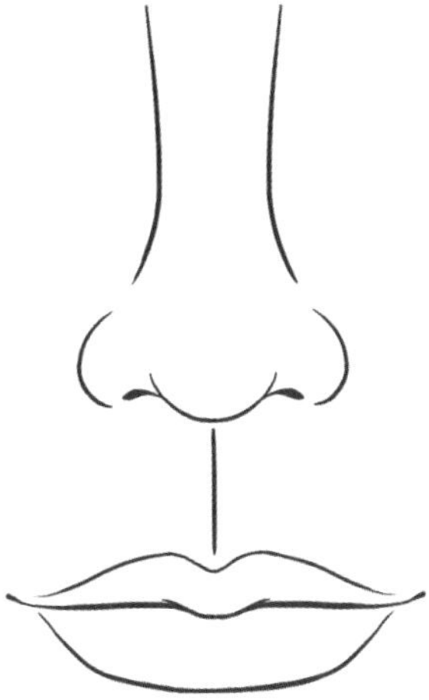

人中如一線

【人中長】

一般對人提防心、疑心較重，故遇着人中長的上司，不要故亂奉承，因為他會懷疑你無故獻殷勤，不是一個努力工作的實幹者；相反，如見到人中特別短的上司，讚他兩句，例如說他領導英明，他必會暗自歡喜。

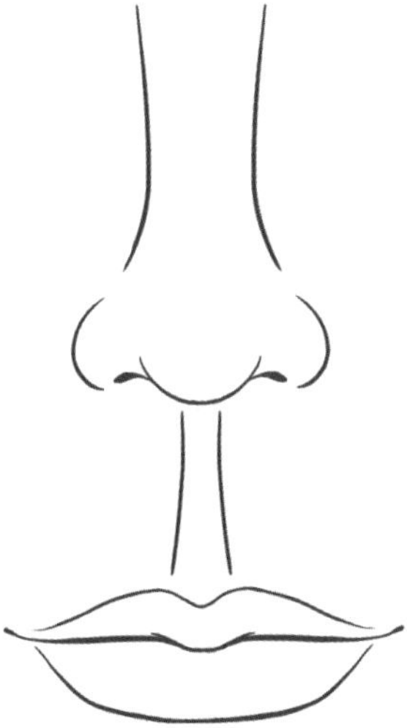

人中長

【人中短】

一般而言，男性人中較長而女性人中較短。人中短的人，喜愛受人讚美，所以如果發現對方人中比較短的話，不妨多說些讚美的話。

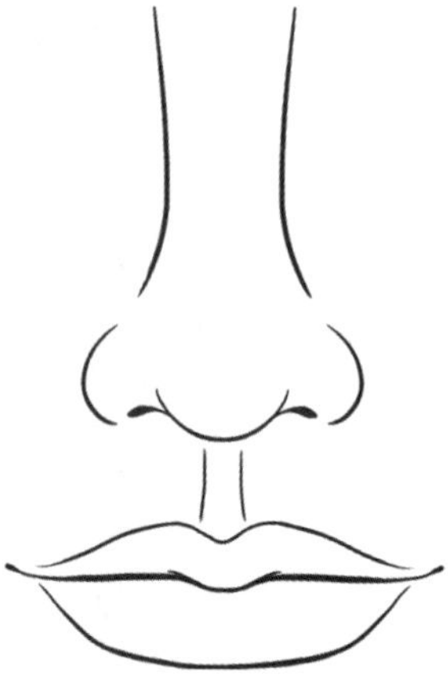

人中短

【人中上闊下窄】

這種人中比較少見，相書一般論說其人初富終貧，早學晚成，子女不合，晚年一般。

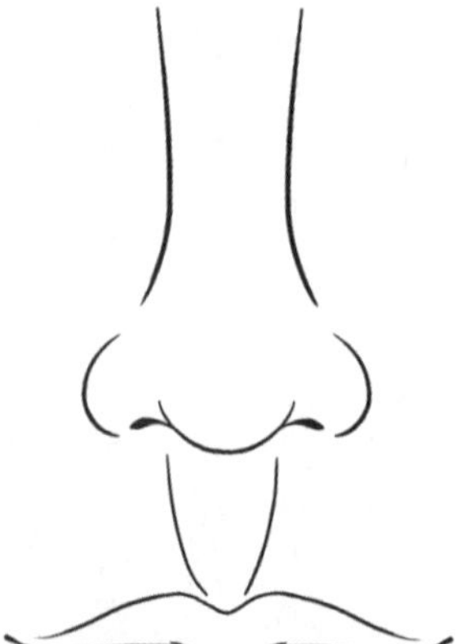

人中上闊下窄

【人中上窄下廣】

一般而言，大部分人中都是上下皆直，又或者上窄下廣。上窄下闊的人中與上闊下窄的相反，為早年困苦、晚年安樂之相，又主子女多而情感關係較好。

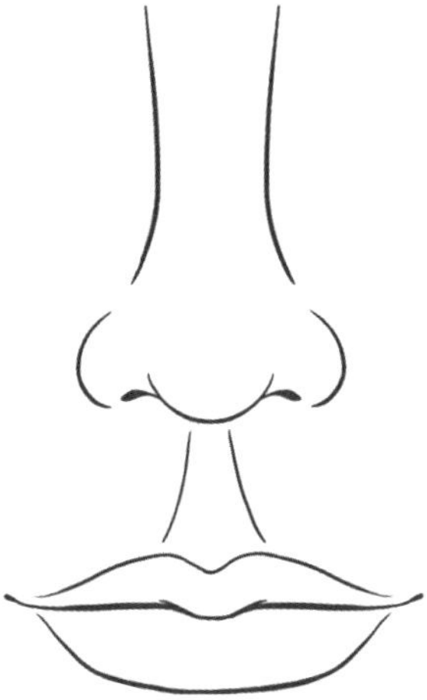
人中上窄下廣

【人中過寬】

人中過闊者，為人博愛，慾念較強，又人中過寬之相，很容易配一雙厚嘴唇，而上唇為情，下唇為慾，唇厚的人一般會較為熱情，如果控制不到自己的情慾，一生容易陷入感情困擾之中。

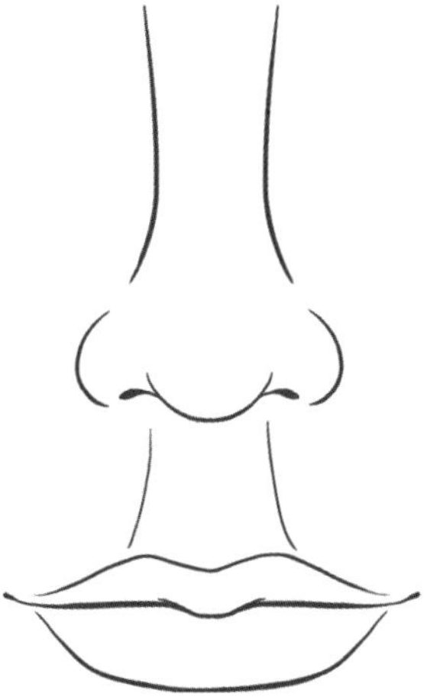
人中過寬

【人中平滿如無】

如人中與食祿倉、仙庫好像平滿一樣，代表比較難有子女或子女較少，且與之不投契或無緣少見面。

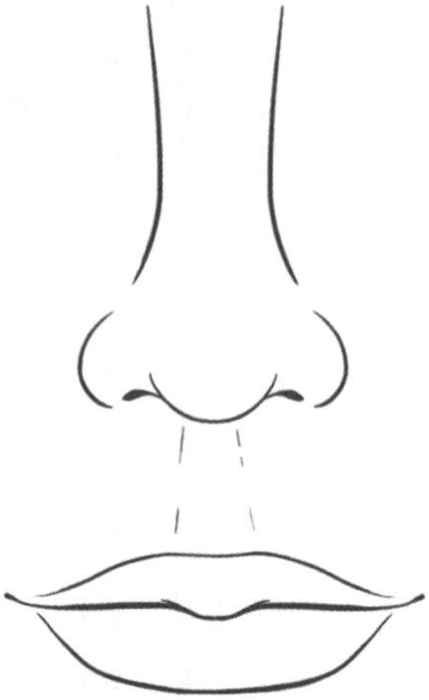

人中平滿如無

【人中彎曲】

根據小人形相法，人中是女性的子宮，如女性人中明顯彎曲，代表子宮頸可能屈曲，引致難於受孕，最好在懷孕前先找醫生作身體檢查。至於男性人中屈曲，則主妻有婦科病。

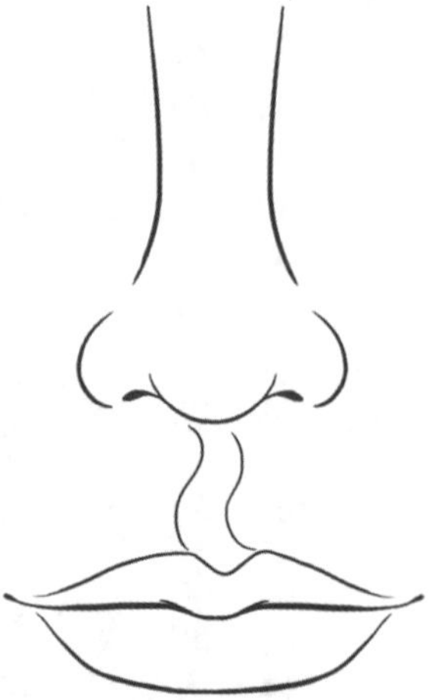

人中彎曲

【人中蜷縮】

人中蜷縮者，以女性比例較多。這類人除了喜愛受人讚賞之外，亦代表子宮或有異常，不容易受孕，故想懷孕時宜及早到醫院作身體檢查。

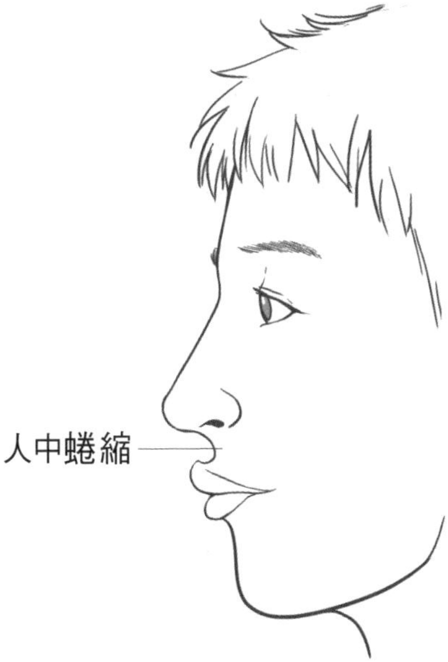

【人中蜷縮，鼻頭垂肉】

這樣上下夾攻，把人中夾住，有剋子之象，代表在五十一歲那年或會三代相爭，即父親、自己或兒子容易遇到意外。

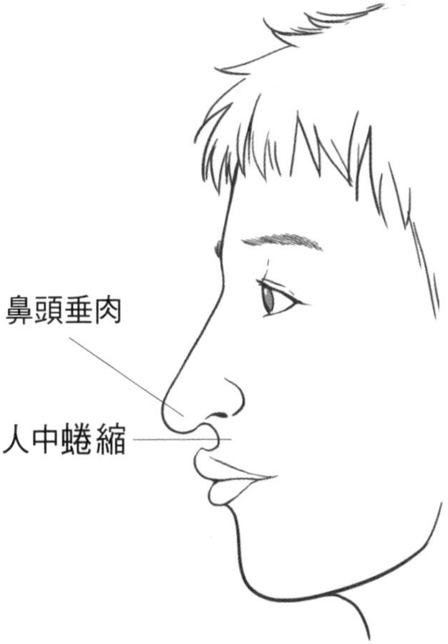

【人中有暗橫紋】

不論人中有明顯的橫紋，抑或笑時上唇摺起形成橫紋，皆代表易有產厄，第一胎流產的機會很大，亦主假養他人之子。古代之時，代表過繼他人之子作自己兒子，現代則代表喜認人做義子。

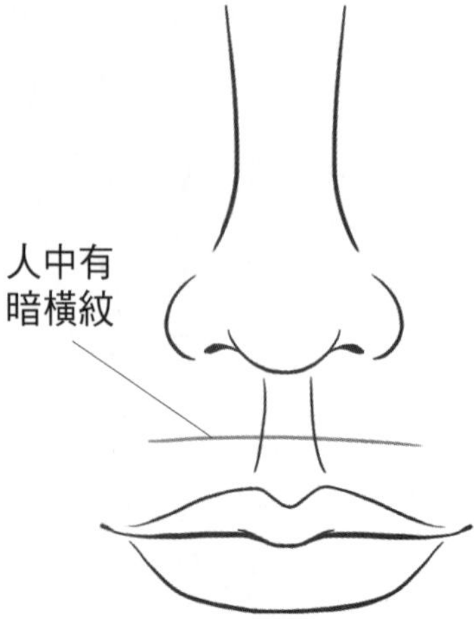

【人中有痣】

人中有痣者，女性有子宮病，男性色慾心重，另主子女無緣，晚年身體不佳。

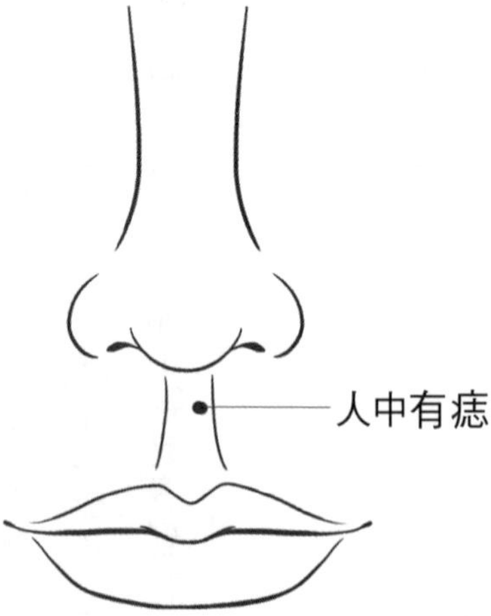

【人中無鬚】

如上唇鬚密而唯獨人中無鬚，代表助人不得力，易招誹謗，一生小人必多。

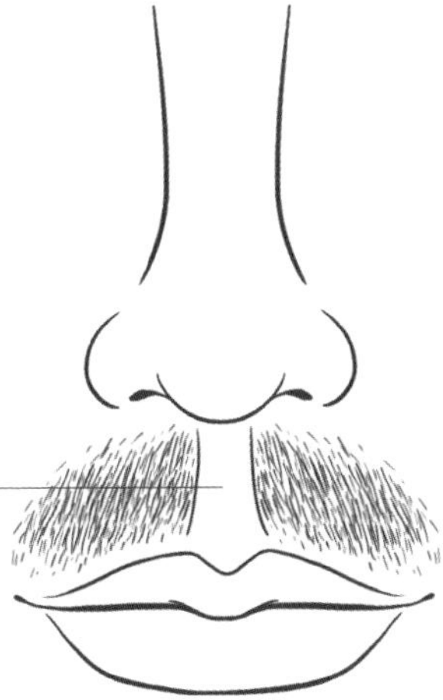

【人中有直紋】

人中有直紋代表假養他人之子，歡喜認別人做乾兒女。

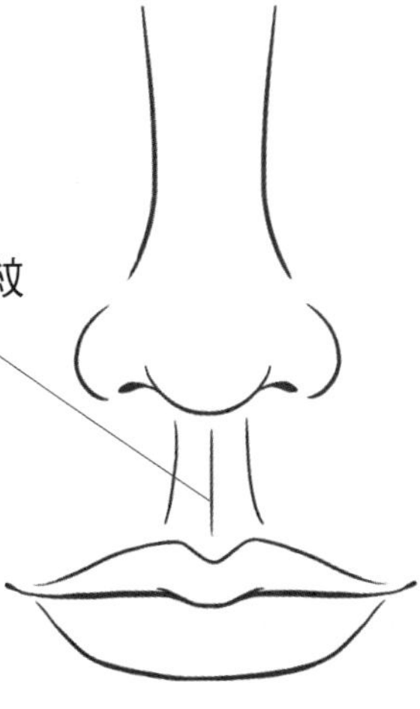

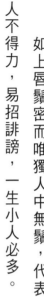

【人中深圓】

女性代表卵巢發達，色慾心重，五十歲後仍能懷孕。

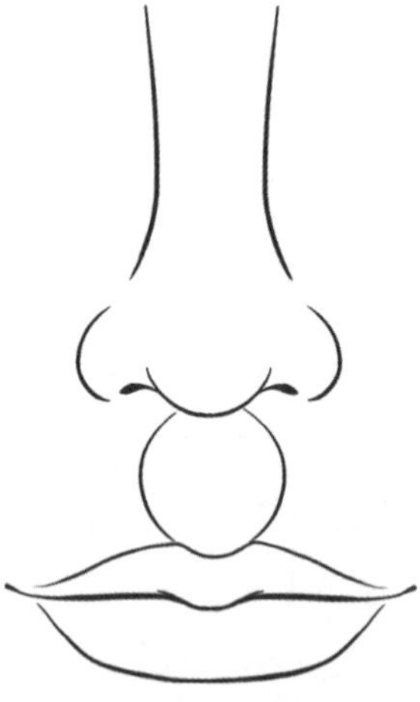

人中深圓

左右仙庫、食倉、祿倉

左右仙庫，以及食倉、祿倉，是五十二至五十五歲的流年部位，為人中左右的上唇位置。簡單而言，上述部位以飽滿為佳，代表這數年運程強盛，衣食富足；惟部位瘦陷平坦的話，則這幾年運程蹭蹬不前，運氣下落。

上唇形態

上唇飽滿

上唇飽滿，代表五十二至五十五歲期間，運氣強盛，仍可部署進攻，亦代表其人有食福。

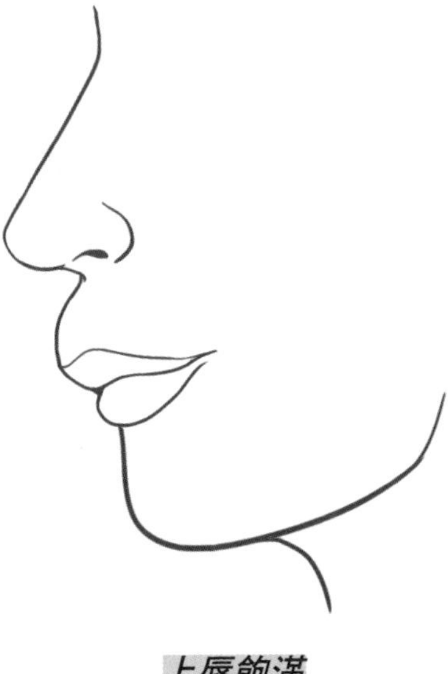

上唇飽滿

上唇瘦陷

上唇瘦陷的人，在五十二至五十五歲間，運程必然向下，宜盡早做好準備，手頭多留現金，以備度過逆境；另其人食福較差。

上唇瘦陷

上唇平坦

上唇平坦，主五十二至五十五歲這幾年運程一般，運氣不是太差，但又好不起來。

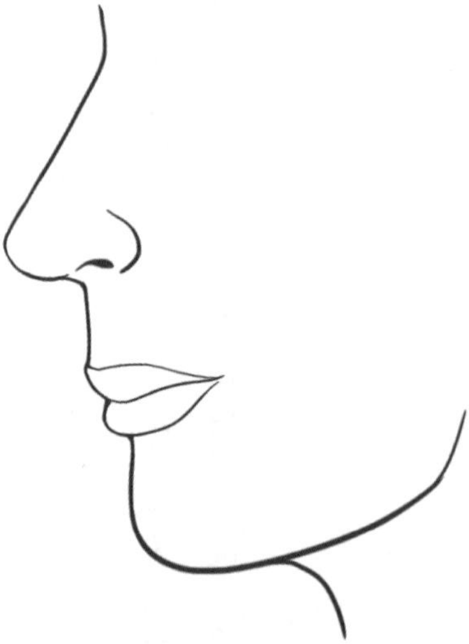

上唇平坦

上唇有痣癦

不論痣癦在食祿倉還是仙庫，結果相同——上唇倉庫有痣癦，有如倉庫穿了小洞，錢財容易耗散；但因是小洞，故不會破大財，可能是其人喜愛請客，花費特別多而已。

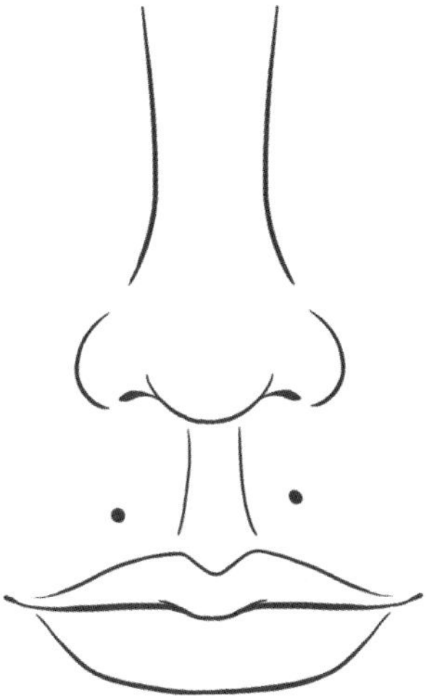

上唇有痣癦

鼻毛插上唇

「有財不聚無他事，皆因倉庫有長槍。」古書云，鼻毛少為長槍，多為餘糧，但這只是參考而已，因鼻毛過長外露的話，一般人都會進行修剪，一來比較美觀，二來算是補救方法。

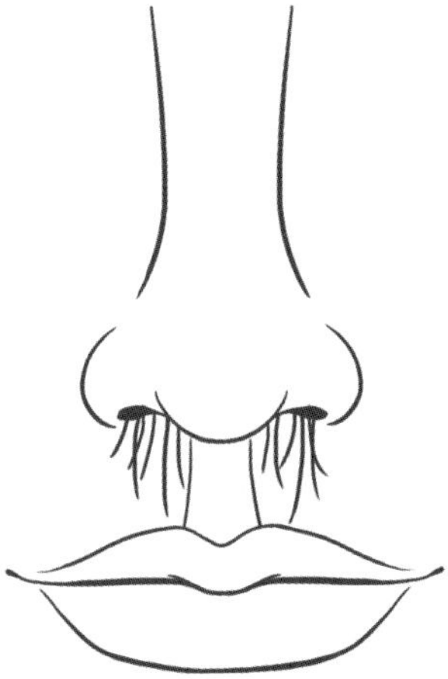

鼻毛插上唇

上唇長而飽滿

得此相者，有俠義心腸，好打不平，樂於助人，個人亦能修身積德，主長壽，且晚年運佳。

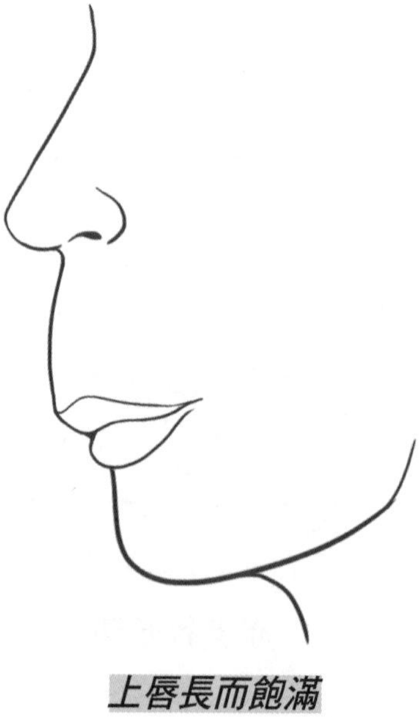

上唇長而飽滿

古訣論人中（一）

【人中論】

人中者。一身溝洫之象也。如溝洫疏通。則水流而不壅。如淺狹不深。則水壅而不流。人中之長短。可定壽命之長短。人中之廣狹。可斷男女之多少。故人中所以為壽命男女之宮也。是以欲長而不欲縮。中深而外闊。直而不斜。闊而下垂者。皆善相也。其或細而狹者。衣食逼迫。滿而平者。迍邅災滯。上狹下廣者。多子孫。上廣下狹者。少兒息。上下俱狹而中心闊者。子息疾苦而難成。上下直而深者。子息滿堂。上下平而淺者。子息不生。深而長者長壽。淺而短者夭亡。人中屈曲者。無信之人。人中端直者。忠義之士。正而垂者富壽。蹇而縮者夭賤。明如破竹者。二千石祿。細如懸針者。絕子貧寒。上有黑子者多子。下有黑子者多女。中有黑子者。婚妻易而養子難。有兩黑子者。主雙生。有橫理者。至老無兒。有豎理者。主養他子。有縱理者。主兒宿疾。若人中漫漫平而無者。是謂傾陷。至老絕嗣。窮苦之相也。斜左損父。斜右損母。

詩曰
人中井部水橫紋。每到臨船莫進程。偏左生男右生女。上下平平子不成。
準頭下面是人中。溝洫皆從此處中。若是偏枯兼狹窄。子孫無分守孤窮。
人中平淺短何填。無信無兒見者嫌。若是直深長一寸。定知兒女轉加添。
人中平平子不成。三陽赤色主相爭。黃色得財無盜賊。赤黑妻與外姦情。

人中平長。至老吉昌。兼有年壽。更益兒郎。人中短促。子孫不足。人中高厚。

壽年不久。人中廣平。養子不成。雖即生產。常聞哭聲。人中廣厚。奸淫未足。人中兩黑。的生可疑。

古訣論人中（二）

人中為男女壽命之宮。深長則多子而長壽。平滿則無子而多災。細狹者窮蹇。反縮者夭賤。上狹下廣。子孫方多。上廣下狹。子孫必少。上下俱狹。中獨廣者。易養難留。兩黑子則雙生。上黑子子多。下黑子女多。橫理無兒。豎理螟蛉。相法云長短斷壽。廣狹斷子。信夫。

【論法令】

法令之相學意義

五十六、五十七歲行法令運，五十六歲行左法令，五十七歲行右法令。顧名思義，「法令」代表法律與命令，凡法令深長而闊，其人所作出的命令，都能得到別人聽命執行；如法令淺短，則其令不彰，即使在掌權位置，也不是用權力去命令別人，而可能採取柔和政策居多。

看事業

法令是面上的事業線，左法令代表三十歲前，右法令代表三十歲後，如法令深長代表職業穩定，淺短則代表隨時有變，但這跟成功與否並無直接關係。然而在古時，法令是非常重要的，因其時社會變化不大。法令深長，代表一生能穩定地從事一個行業，沒有被社會淘汰；但現代社會千變萬化，即使從事專業的人亦有可能中途轉變，故法令沒有古時來得重要。

又法令除了要深長以外，還要夠闊。法令闊，代表活動範圍廣；法令窄，則活動範圍窄，很多一生在農村生活的人，都有一條深長而窄、直下垂落下巴的法令，但這樣的法令並不代表

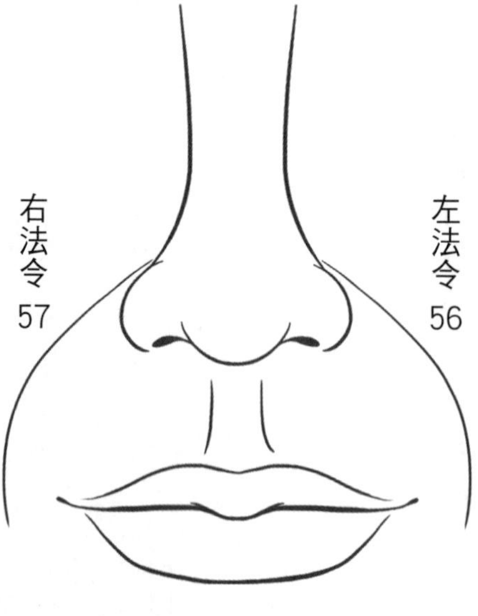

事業有成就，而只代表其人一生只在一個狹小的地區，從事穩定且變化不大的工作而已，這種法令偶爾也會在城市中見到。

看雙腳

法令代表腳，左法令代表左腳，右法令代表右腳，如法令長短不一或法令有痣瘻，皆代表容易有腳傷。

看父母

左法令為父，右法令為母，法令有痣的話，在左邊代表父亡不能相見，右邊代表母死不能相見。所以這兩條不太為人重視的紋，既代表法律命令，又代表事業、腳、父母。

看壽元

法令深長，長壽；法令短，短壽，無法令者則不用參考。

法令形態

法令長

法令長的人，一生事業穩定，壽命較長。

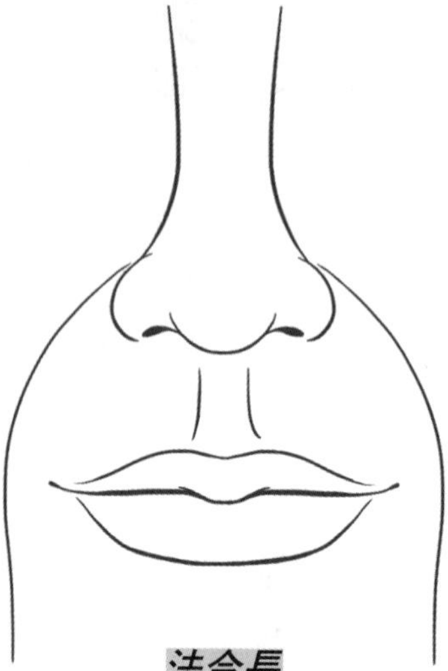

法令長

法令短

書云：「法令唔過口，唔過五十九」，意即法令短的人，晚年身體或運程不佳，惟無法令者不在此限。又法令短者，五十歲後事業會較為反覆。

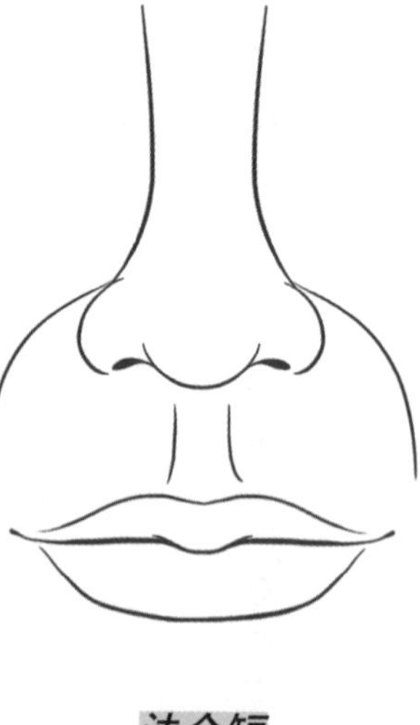

法令短

法令深

法令深除了代表事業穩定外，亦代表其人固執，不容易接受改變與新事物，不善變通，容易被社會淘汰，且與晚輩關係最多一般。

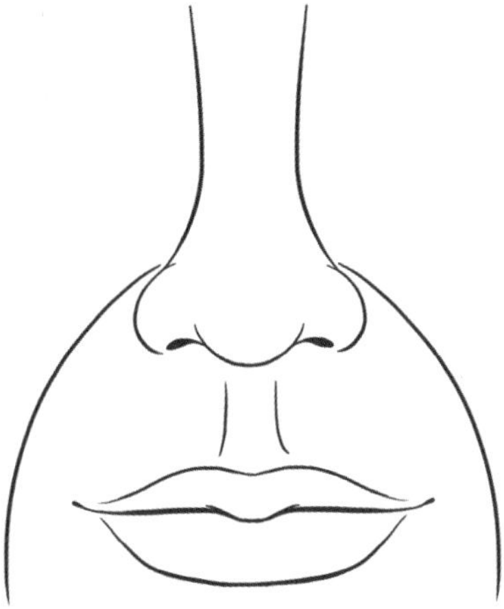

法令深

法令淺或無

無法令或法令淺的人，不善於下達命令，即使做老闆或老師，都不會板起面孔對下屬與學生，是一個不古板及較容易與下屬晚輩打成一片的人。又法令不明亦代表職業屢變不定，即使長期在同一位置，但內心卻時刻想作出改變。

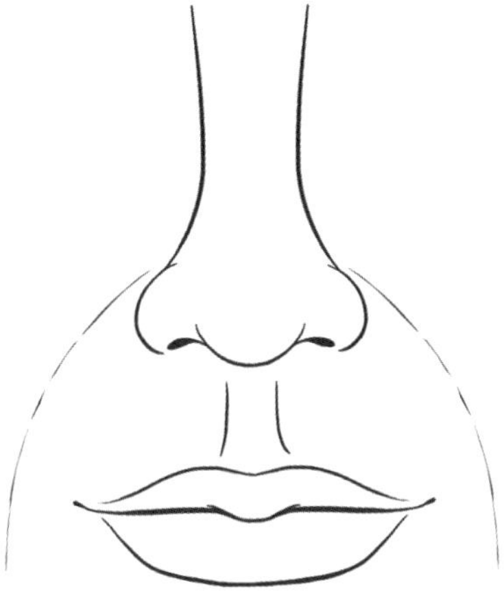

法令淺

法令入口

有謂「螣蛇鎖口，餓死街頭」，現代可能代表其人因腸胃之疾或厭食症而引致不能進食。

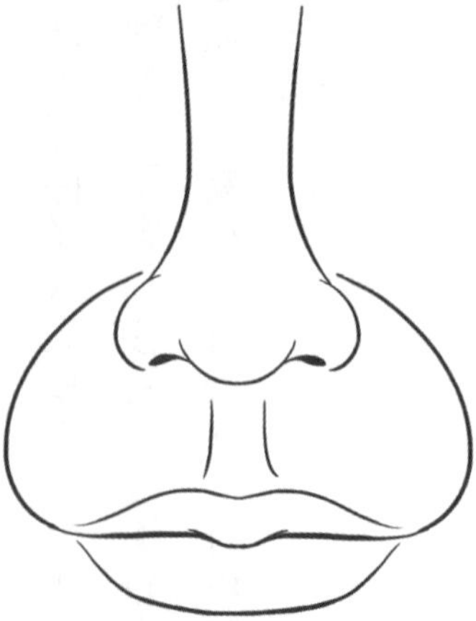

法令入口

蛟龍出海

法令入口後，嘴角再有紋生出來，為蛟龍出海，主其人絕處逢生，日後會有奇遇而成富貴之人。古代相書常有導人向善的故事，說某人本來螣蛇鎖口，必然餓死，但因後來做了大善事，變成蛟龍出海，封侯拜相。

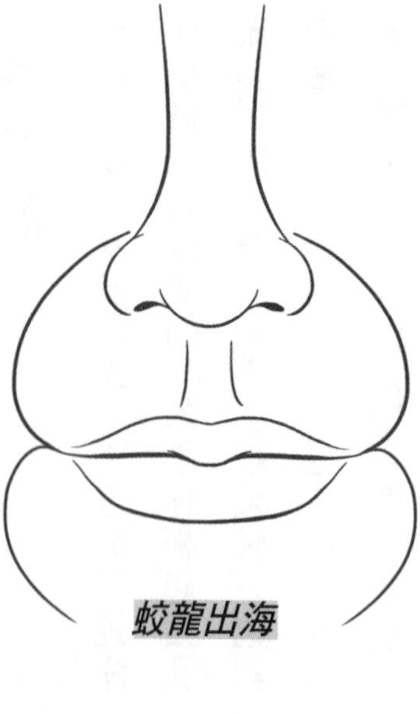

蛟龍出海

法令闊

法令以闊為佳，代表事業能遠達，亦主較容易揚名海外，如加上兩紋深長，則運程更為強盛，能歷久不衰，而長的意思，最低限度要下垂過口。

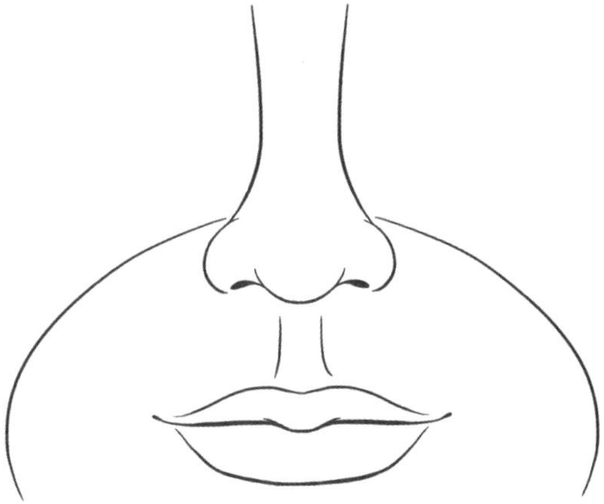

法令闊

法令窄

法令窄，代表工作範圍窄、活動範圍窄、生活圈子窄，只適宜從事一般穩定性的工作，如要他去遠一點或變化多一點，內心可能會不適應，甚至覺得不舒暢，又法令窄者利己心重。

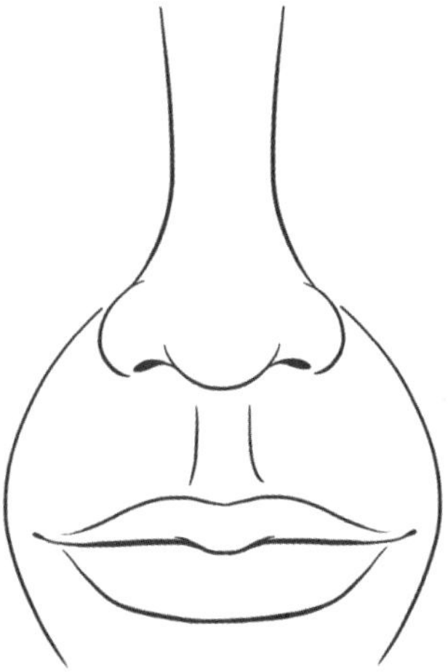

法令窄

法令窄長

很多一生生活在農村或很細小、很細小的城鎮的人，都容易有一條深長而窄的法令，這樣代表他們一生生活簡單，可能每天都過着相同的生活、吃着簡單而變化不多的食物，故壽命長，且老年健康。

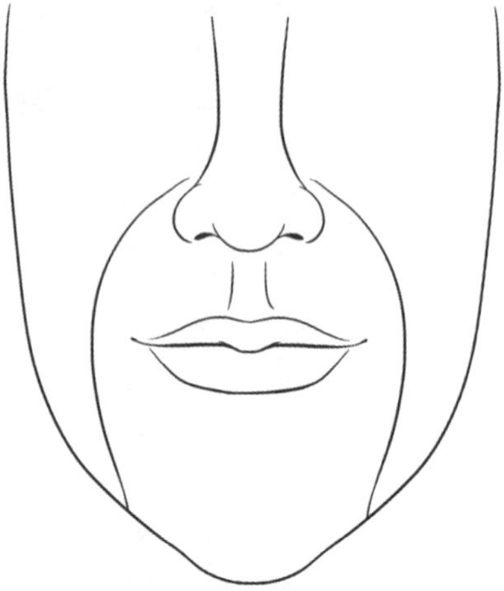

法令窄長

鐘形法令

原來的法令不算很闊長，但法令尾部連着一條笑紋或多長一條闊紋出來，就形成好像中國銅鐘的模樣。這與法令闊一樣，代表事業遠達，有利海外揚名。

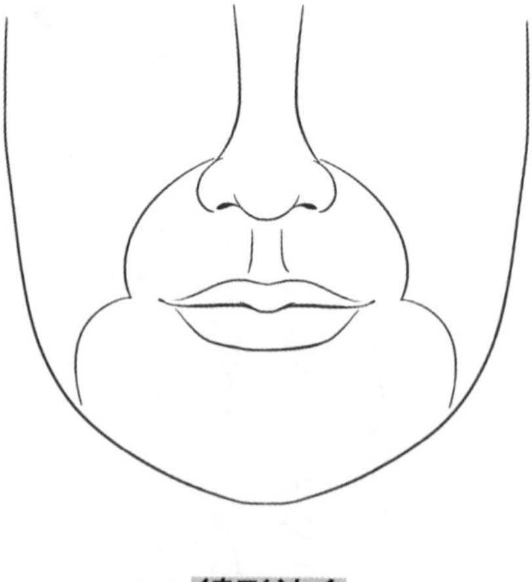

鐘形法令

法令破承漿

承漿代表七十一歲，法令破承漿意味七十一歲時有劫，如能過渡，壽主九十。

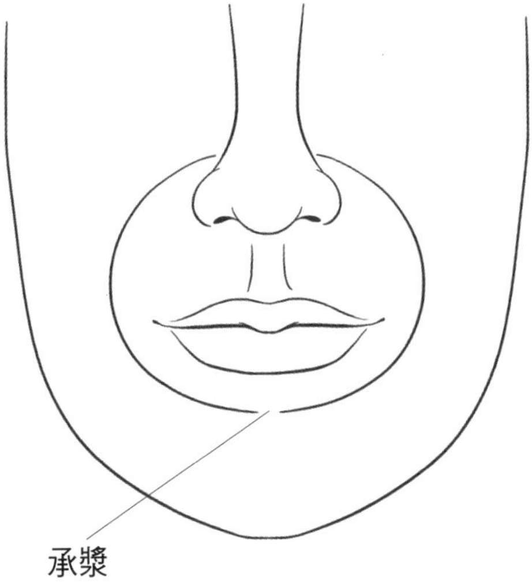

法令破承漿

法令破蘭台

「何知人生不聚財，但看法令破蘭台。」所謂法令破蘭台，是指法令起自金甲內，而金甲為財的庫府，法令插入金甲猶如財庫穿了洞或被打破，這樣當然容易漏財、破財。此外，這亦代表色慾心重，容易重色輕友。

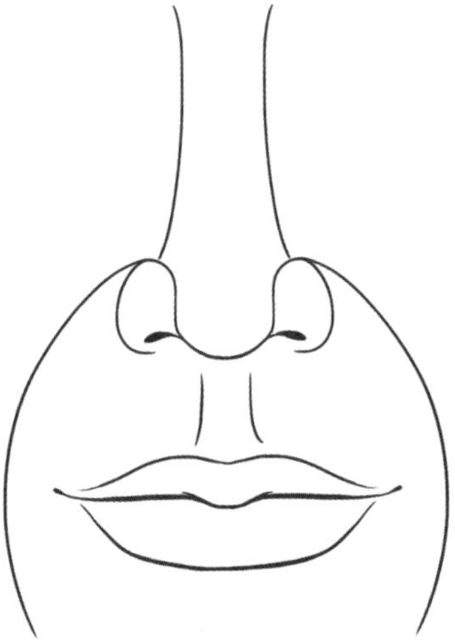

法令破蘭台

法令長短

左法令為父，右法令為母。如左短右長，代表父弱母強，即母親身體及與自己的緣分較佳，相反則父強母弱，即父親身體及與自己的緣分較佳。又法令代表事業，左邊長代表三十歲前事業較佳，右邊長代表三十歲以後發展較出色。另外，法令為腳，如左邊短，主左腳力弱或較短，右邊短則右腳力弱或較短，兩者都代表其人容易跌倒。

法令折斷

法令代表腳，折斷代表有斷腳之應。左法令折斷，代表三十歲前事業突然中斷，及父死不能送終；右法令折斷，則三十歲後事業突然中斷，以及母死不能送終。

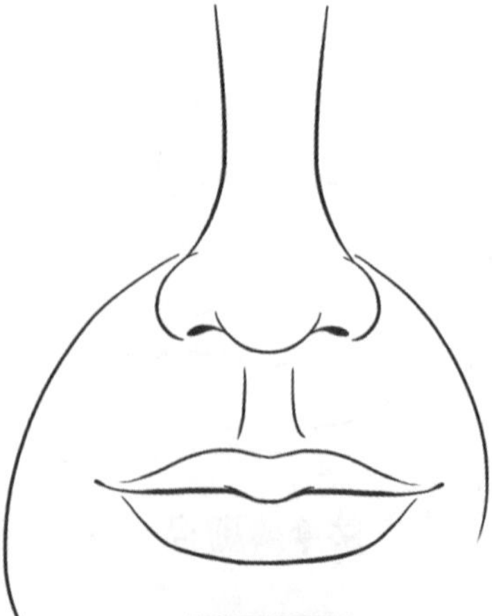

法令長短

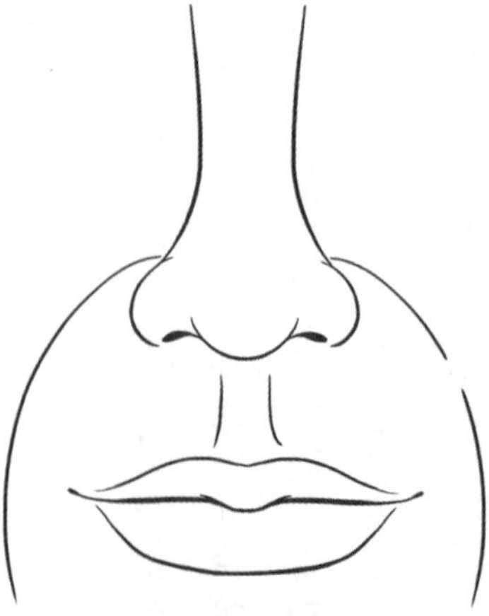

法令折斷

法令有痣癦

法令有痣癦，主腳部容易受傷、跌倒，又左法令主左腳，右法令主右腳。另外，左面有痣癦，代表三十歲前事業受阻及與父無緣，而右面則代表三十歲後事業受阻及與母無緣，但情況沒有法令折斷那麼嚴重。

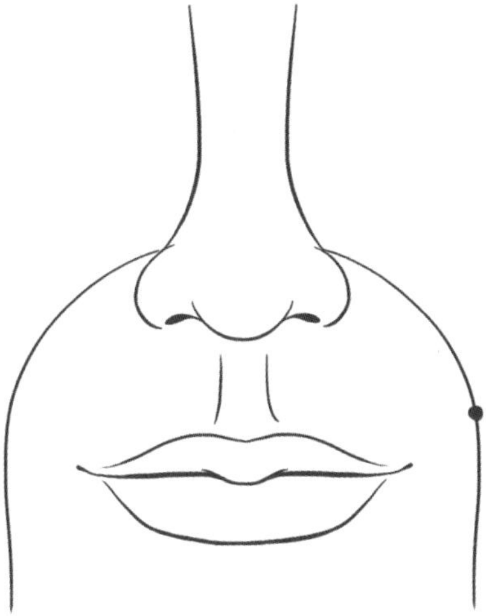

法令有痣癦

雙重法令

雙重法令者，有重親或二業，左面代表有重父，且三十歲前可能同時從事一種以上的事業；右面則有重母（亦可能過房），且於三十歲後有二業。

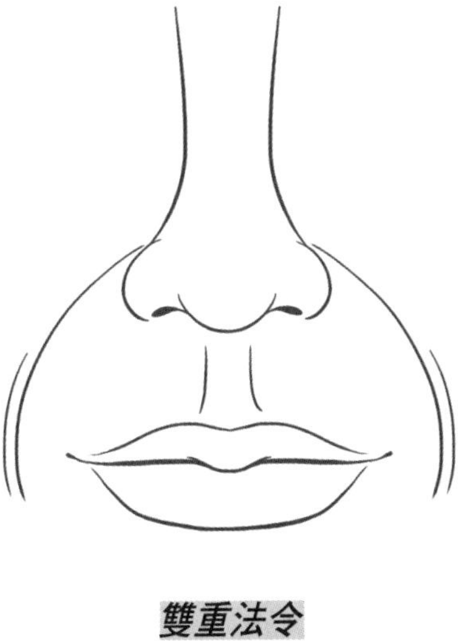

雙重法令

法令紋的名稱

【苦淚紋】

三十歲前明顯出現的法令紋，名為「苦淚紋」，代表其人自小覺得孤單，可能成長於單親家庭，對女性的影響較大。這類人大多與父無緣，以致長大後形成戀父傾向，往往喜歡一些較年長的異性，其人內心悲觀。

【法令】

法令一般在四十歲後才會顯現，不論男女皆代表生活穩定、變化少。

【壽帶】

六十歲後，法令紋稱為「壽帶」，如深長而開闊，一般主長壽。

法令現暗瘡

法令現暗瘡，代表當前在商業上與人相爭。

法令外現薄黑色

凡法令外見此等氣色，皆主被盜。

法令內現暗黑色

法令內現暗黑色，代表家內不和。

【論虎耳】

虎耳，為五十八、五十九歲的流年部位，正名「附耳」，又名「懸壁」，位在耳尖之下、歸來以上，為緊貼耳垂的位置。

此處宜飽脹有肉，代表五十八、九歲兩年運程強盛。

虎耳部位圖

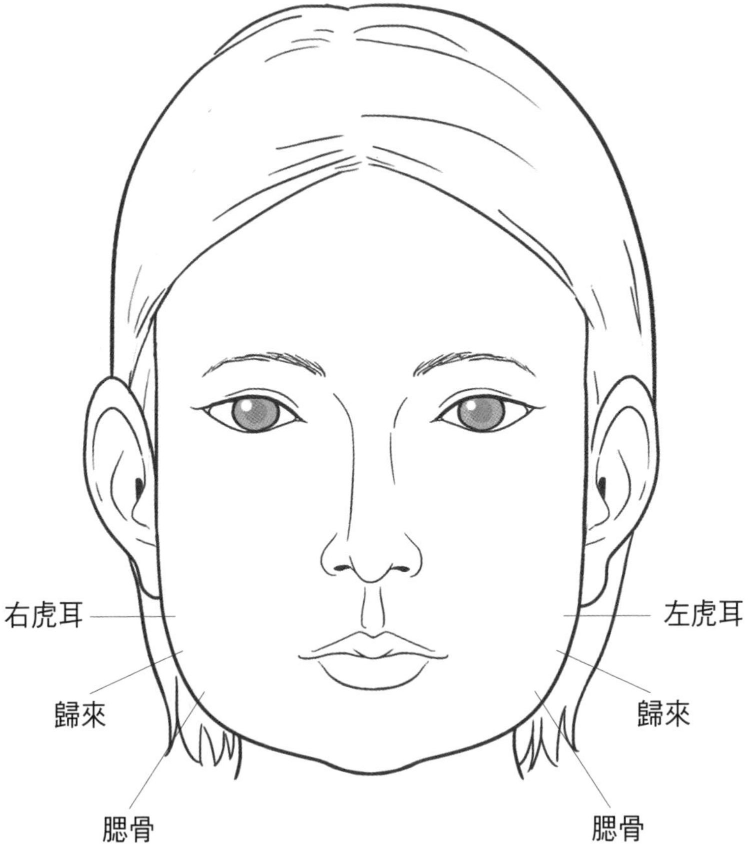

劣相

面無城廓，虎耳瘦陷，連帶歸來、腮骨位置也瘦陷無力者，一生錢財不聚，晚年恐衣食不周。

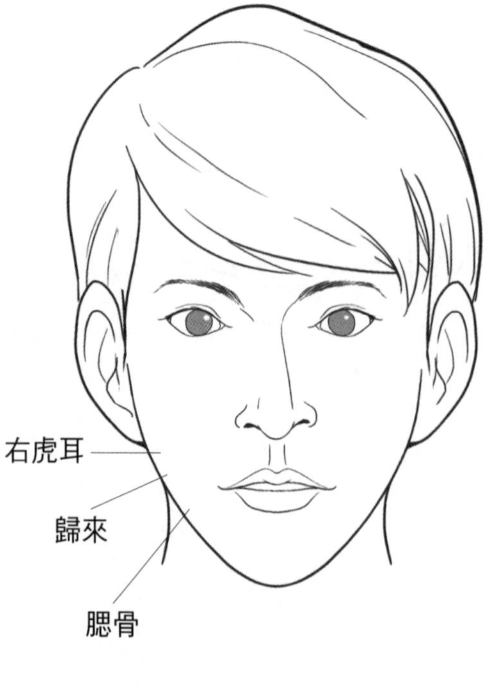

佳相

面起重城，虎耳、歸來、腮骨飽脹，且耳前至腮骨位置有肉隆起，好像把面包裹住一樣，必然一生錢財興旺，聚成大富，晚年吉昌豐盛。

【論口】

六十歲行嘴運，嘴是觀察個人色慾、食慾、言語、信用之處，正所謂「病從口入，禍從口出」，可見嘴的重要性是不能忽視的。

另外，嘴亦是察看個人財祿之處，古訣有云：「口能容拳者，出將入相；口闊而豐者，食祿萬鍾；鼠口者讒誹嫉妬；口如吹火者孤貧；狗口者貧下；如鼠口狹者無衣祿。」

口之相學意義

看情慾

上唇主情，下唇主慾，一般男性下唇較厚，而女性上唇較厚，故男重慾而女重情，這是天性使然，但當然亦有相反者，畢竟世事無絕對。

至於上下唇皆薄，主其人感情內斂，不會把感情宣之於口；而上下唇皆厚，則為人熱情，着重原始慾望。一般而言，生於熱帶的人嘴唇較厚，寒帶的人嘴唇較薄。

看言語

上唇薄者，一般言語表達能力較佳；上唇厚者，容易詞不達意，且在言語上常有無心之失而使人不快。所以，他們要訓練自己說話慢一點，從而減少無心之失，避免得罪人而不自知。

另外，嘴唇方正，主其人言語謹慎可靠；嘴唇歪斜，則常胡言亂語，謊話連篇，如加上門牙歪、疏，則情況更加嚴重。

看膽量

嘴大膽大，嘴細膽細。一般男性嘴大，女性嘴細，故男主外，女主內，但隨着社會慢慢改變，嘴大的女性已逐漸增多，她們很多時會開始做主導，尤其在香港這等開放型社會。

而在歐美社會，嘴大的女性比例更多，尤其是美國的大城市，大嘴巴的女性更為常見，故不少女性在事業上都能處於領導地位，做得比男性還要出色。

中國有「男人口大食四方，女人口大食窮郎」之說，皆因古代社會以男性主導，都是男人負責賺錢養家，而女性就負責持家。但因口大的女性具男子氣概，喜好呼朋喚伴及請客，卻又不善生產，於是被說是「食窮郎」。惟現代口大的女性，個性主動，善交際，不難在事業上取得不錯的成就。不過，這還是要看整體社會結構有沒有讓女性發揮自己所長的空間，才能作出定斷。由此可見，看相還要加上各地的風土人情，才能更加精準。

論口相優劣

佳相

良好的嘴唇最好上下唇厚薄均勻，不過厚亦不過薄，唇色紅潤，唇形方正，唇紋多，合而緊閉，有角弓。

壞相

不佳的嘴形特徵包括兩唇厚薄不均勻，即過薄或過厚；歪斜，無唇紋，唇色暗黑，合而不閉，嘴角下垂，上無角弓等。

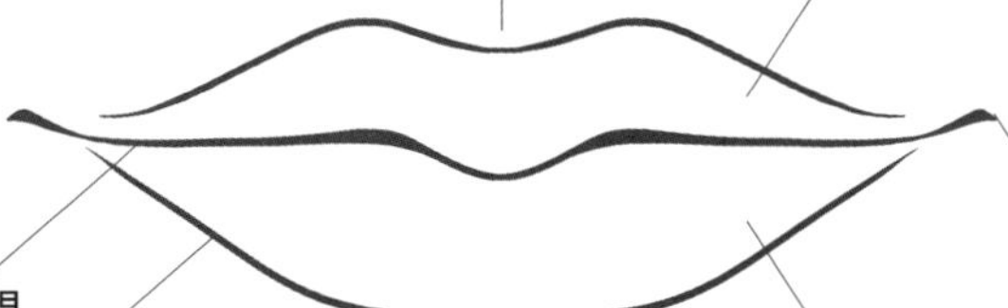

良好的口相

痣瘙的代表

在唇內的痣瘙為食瘙；在上唇邊緣位置有瘙或紅點代表易生腸胃毛病；長在嘴角為是非瘙；下唇左右主貧，代表其人可能常常週轉不靈；在下唇中間、承漿位置有瘙，主飲食容易出現問題，如食物中毒、腹瀉等。

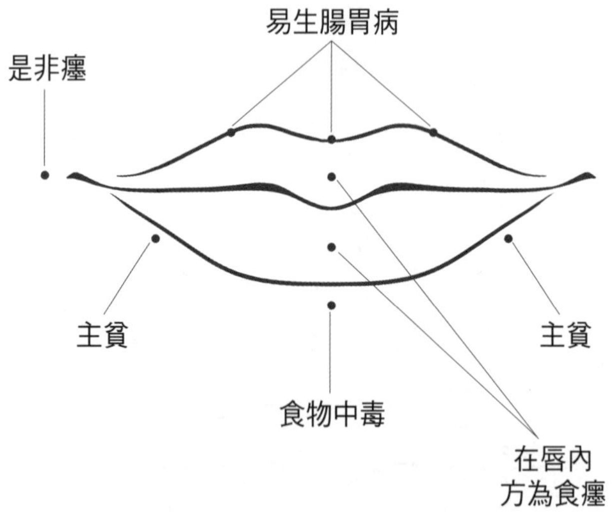

論嘴形

大口

一般男性口大而女性口細，這是正常比例，當然亦有例外，但不論男女，看法相同——口大膽大，口細膽細。

遇見凶險之事時，口大的人多能正面面對，想辦法將之解決。

又嘴大的人較善於交際，不拘小節，是一個比較容易相處的人。

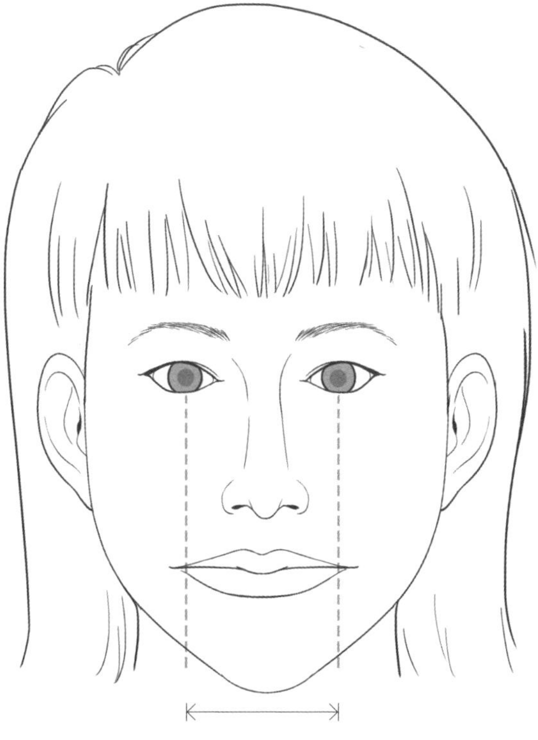

以眼珠之距離為標準，嘴闊於此為大

嘴細

口細的人器量窄，膽子小，遇到困難時容易退縮，為人較為內向，而且不善應酬，一生常在細節中斤斤計較，浪費時間。

嘴厚

上唇主情，下唇主慾，一般男性上唇薄、下唇厚，故男性多以慾先行；女性大多上唇厚，下唇稍薄，故女性一般以情感先行，當然不論男女皆有相反者。

凡上下唇皆厚者，其人情慾旺盛，亦較為熱情主動，大家不妨留意一下生長在熱帶地區的人，他們一般都是嘴唇較厚的，可見其民族較為熱情。但可惜有時因戰亂的關係，本來熱情的民族無奈要變得冷漠，這是後天使然，並非其本性。

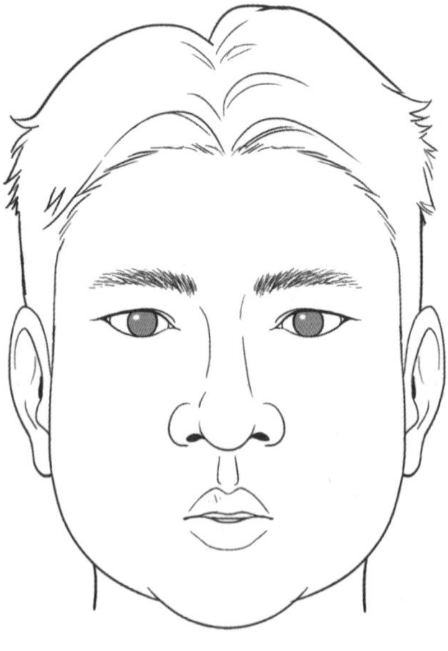

嘴細

嘴薄

嘴薄情薄，代表其人感情內斂，喜怒不形於色，不會輕易把內心情感透露出來。這類人頭腦冷靜、理智，但因缺乏熱情，故並非一個好的領導者、父親、丈夫。當然，亦有嘴唇薄的女性，但因女性一般較為感性，故嘴薄帶來的壞影響來得沒男性那麼嚴重。

又一般唇薄的人以嘴唇緊閉的居多，而嘴唇緊閉代表意志力堅強，能在逆境中持久對抗，最終邁向成功。

嘴薄

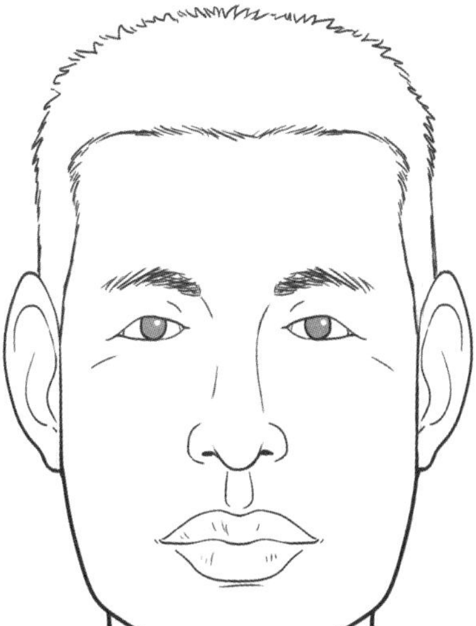

嘴厚

稜角嘴

這種嘴形，上唇稜角分明，代表言語有技巧，言辭謹慎，表達能力佳，且言而有信，是一個可靠可信的人。

嘴角無稜

嘴角無稜的人，一般上唇較厚。上唇厚已經代表說話不夠技巧，如再加上嘴角無稜，則其人更容易詞不達意，講了一大堆說話都表達不到自己想要表達的，且容易說錯話得罪人而不自知。這類人雖然熱情，但不一定人緣佳，朋友亦不一定多，此乃其言語能力不佳之故。

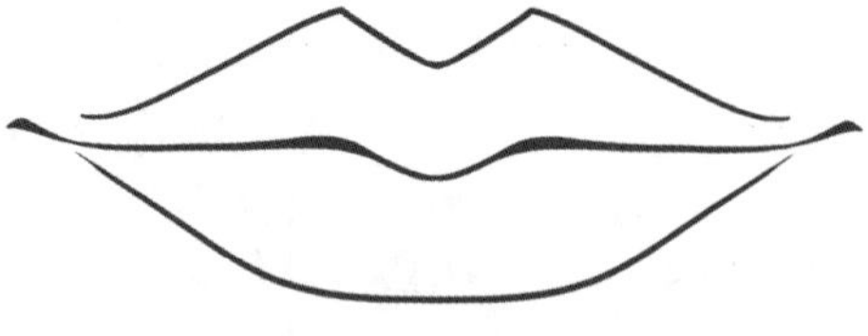

稜角嘴

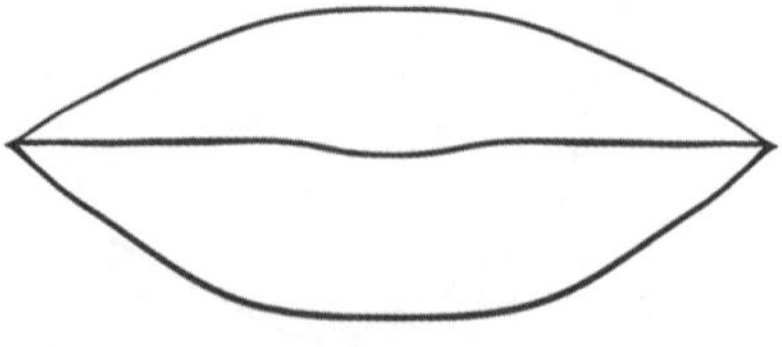

嘴角無稜

嘴如角弓

嘴如角弓，又稱「仰月嘴」，即兩邊嘴角微微向上，不笑似笑，給人容易親近的感覺；如加上嘴有稜角，則其人說話技巧佳，不難受群眾歡迎。又嘴角向上，主為人樂觀，故有此相者，一生開心的時間必然比較多。

貓嘴（小丑嘴）

貓嘴與仰月嘴非常相似，但嘴角向上之線較長，有如貓嘴或化妝後的小丑嘴。得此相者，能像小丑一樣給人帶來歡樂，但不同的是，小丑有卸妝的時候，而貓嘴則維持一生。貓嘴一般主其人言語不實，喜愛奉承別人，博取他人信任，且常胡言亂語，說話愛誇大，故遇上小丑嘴的人時，不要輕信其言。

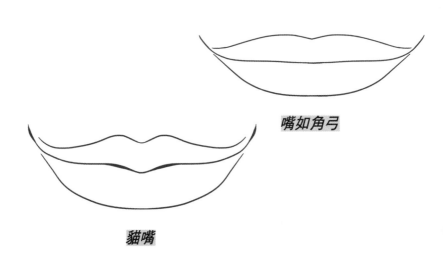

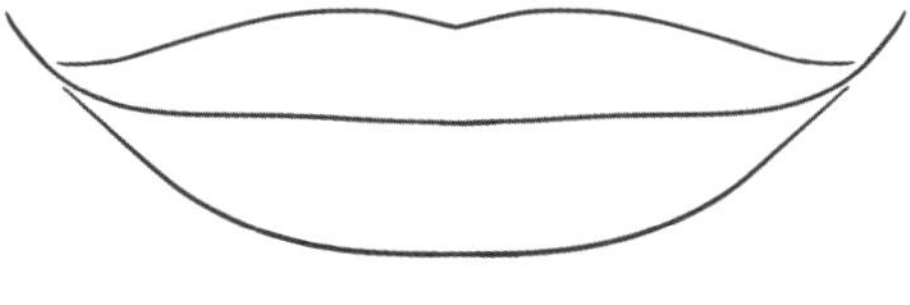

嘴如角弓

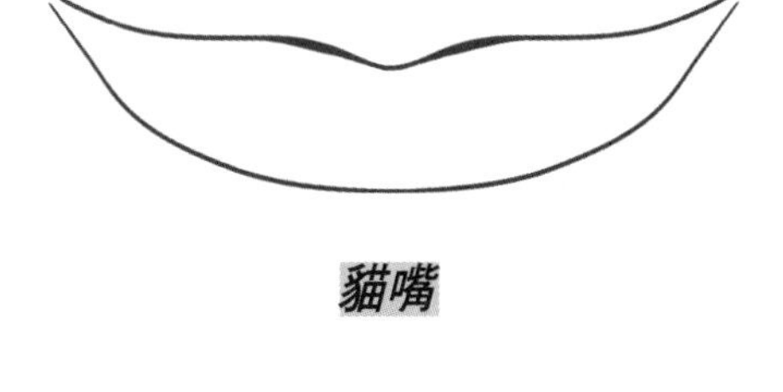

貓嘴

一字嘴

一字嘴即上下唇合閉時橫如一直線，又一般人的嘴大多是這樣的。如生得端正的話，代表其人言而有信，是一個不錯的嘴形。

覆舟嘴

覆舟嘴是指嘴角下垂，有如一條反轉了的小舟。覆舟嘴一般是後天形成的，當人悲觀、古板，嘴角便會漸漸向下。覆舟嘴代表晚年孤獨，但其中有一半原因是自己造成的。這類人除了性格悲觀、古板外，每每喜歡說悔氣說話，講一些人家不想入耳的，漸漸地，別人便

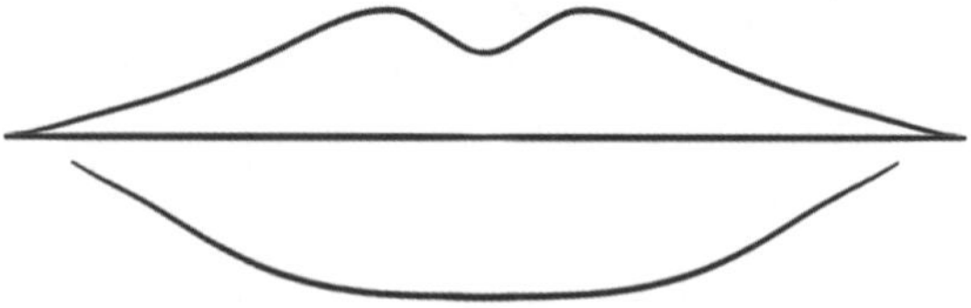

一字嘴

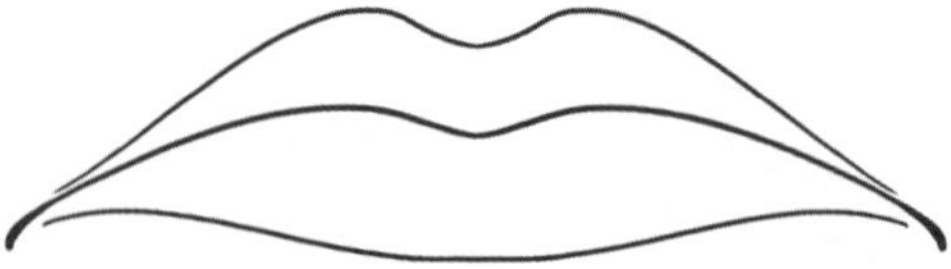

覆舟嘴

不想與他交談，朋友亦隨之變得愈來愈少，成了晚年孤獨。

覆舟嘴如配尖削的下巴，大多晚年孤苦貧窮；如配上闊下巴，一般成就不錯，甚至能獨霸一方，但孤獨在所難免。

覆舟嘴配尖下巴，
晚年大多孤苦貧窮

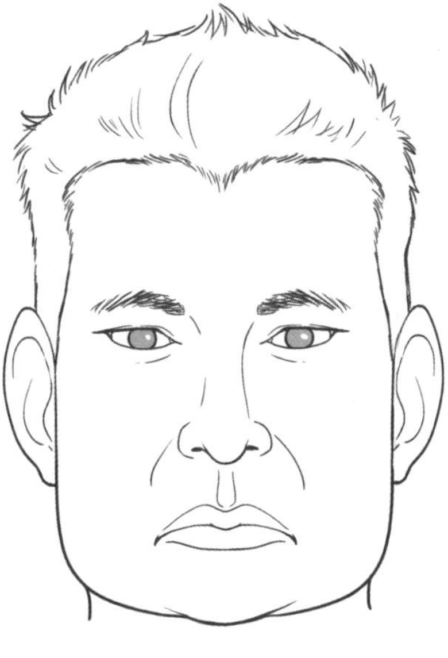

覆舟嘴配寬下巴，容易富甲一方，
但晚年不免孤獨

方嘴

方嘴即上下唇略厚，呈四方形，小者為「方嘴」，闊者為「四字嘴」，皆主言語實在，為人可靠，易得社會地位，為貴人之嘴，亦是一個可信的朋友。即使其人從政，亦信實無欺，是一個正派的領導者。

雷公嘴

上唇飽滿而長，人中如一線，好像鳥類的嘴一樣，就是雷公嘴。這種嘴形為人正派，有俠義心腸，但因人中如一線的關係，大多子息薄弱或無緣，日久可能不相往來，甚至反目成仇。另外，因嘴尖而凸出，這類人平時極愛說話，加上

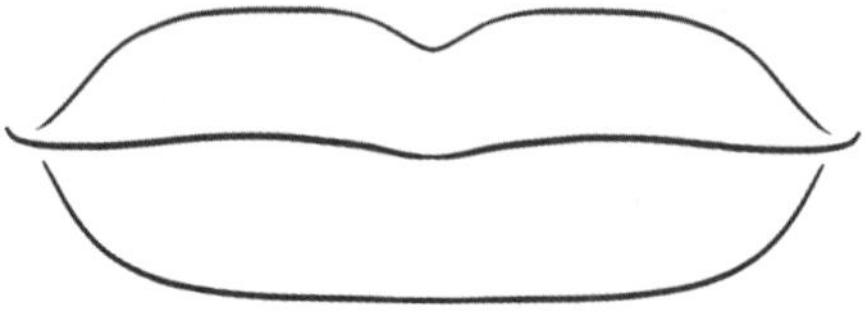

方嘴

側面看上去，
雷公嘴形如鳥喙

具有俠義心腸，故最喜歡向後輩說教，絮絮不休，給人長氣的感覺。

垂珠嘴

上唇尖端有肉明顯下垂凸出，是為垂珠嘴。俗語有謂：「嘴唇有粒珠，嗌交唔認輸」，故與有垂珠嘴的人爭論，如爭不贏他是不會停止的。又嘴形四正，上下唇緊閉，門牙整齊的垂珠嘴，說話技巧極佳，你是拗他不過的。

但如果上唇厚，或嘴唇不緊閉，就代表其人口才不是很好，只是喜歡死拗和不服輸而已；如門牙歪疏，更會言語不實，謊話連篇。小垂珠主稍為喜歡爭拗，大垂珠當然會比較嚴重。

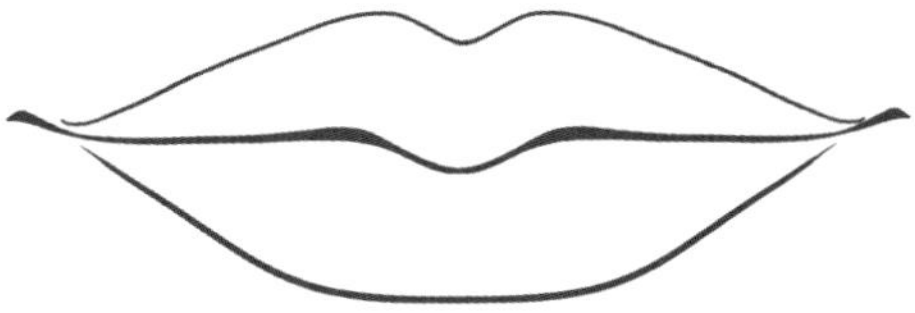

小垂珠

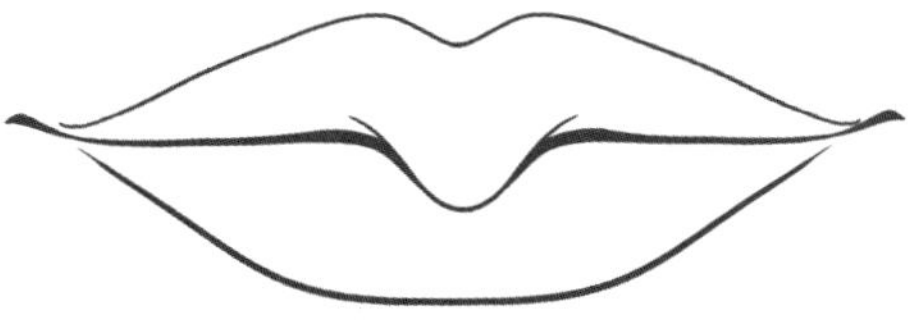

大垂珠

吹火嘴

吹火嘴的嘴形，好像吹東西時一樣向前凸出。有此相者，口沒遮欄，說話又無技巧，常常說錯話兼得罪人，且為人愛爭拗，這是他天生的本領。如遇上這種嘴形的人，最好還是忍耐一下，因為與他吵起來的話，他可以沒完沒了，無謂浪費自己寶貴的時間。

縮囊嘴

縮囊嘴有如一個緊索後的布袋口，即整個嘴唇上下都有明顯的直紋。

這種嘴形，一般在四五十歲才會開始顯

吹火嘴

現，主晚年孤獨，子女一般不會常在身邊。在歐美，尤其是美國人就很常見到縮囊嘴，究其原因，是他們在年青時已準備好老來只有老伴相隨，或在老人院度過餘生。然而，對中國人而言，老來沒兒孫照料感覺上是一件很悽慘的事，可見結果一樣，感受各自不同。

鯉魚嘴

鯉魚嘴的嘴形，上唇厚，橫闊而凸出，下唇較為窄小，一般上唇不緊閉，主其人愛說話，但偏偏上唇厚又無稜角的人，說話技巧差，言語無味，廢話連篇，詞不達意，故不是一個理想的交談對象。

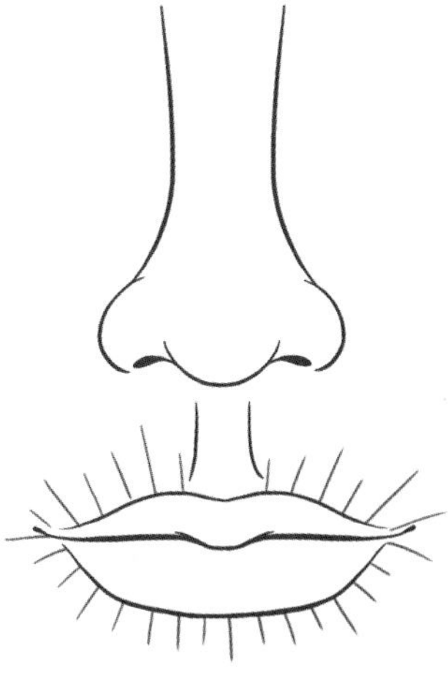

縮囊嘴

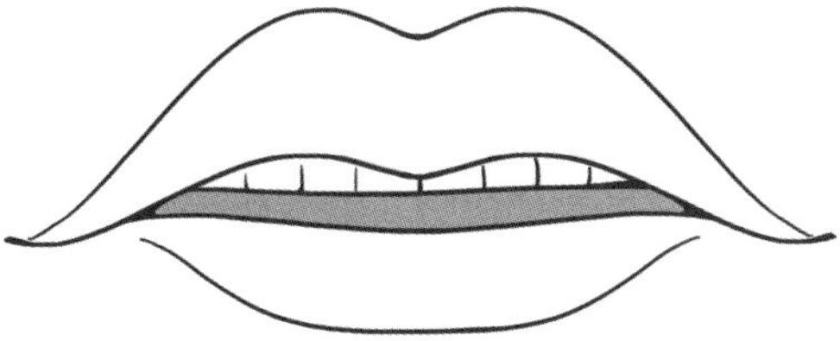

鯉魚嘴

上唇蓋下唇

上唇為陽，代表男性，即父與夫，上唇覆蓋下唇，下唇受壓，代表母與妻身體較差。

上唇蓋下唇

下唇蓋上唇

下唇凸出好像包裹着上唇一樣，為陰蓋陽，代表父與夫身體較差，此乃陰勝於陽之故。

下唇蓋上唇

歪嘴

不論歪左歪右，或說話時嘴形歪斜，都代表言而無信，謊話連篇，不是一個可信的人，故談生意或談戀愛時，遇着歪嘴的人要特別小心，否則很容易被他動聽的謊言欺騙，引致財色雙失，但因後天病變而受影響者不在此限。

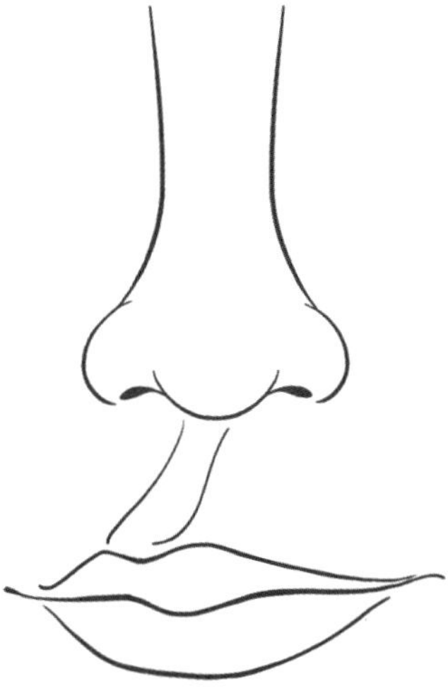

歪嘴

其他相法

口開大合小

口宜大，但要開大合小。書云：「口能容拳，大貴」，但這只是形容嘴要大而已，不一定要容得下拳頭；又嘴大而不收，即不開口時口也非常大，為貪錢之輩，縱有福祿，亦常人也。

口常緊閉

口常緊閉者，意志堅定，但器量小，記仇，報復心亦重。

下唇垂而乏力

下唇垂而乏力者，意志不定，容易動搖，臨危不斷，男性一生難有成就，女性一生容易受騙，尤其是在感情方面。另外，得此相者體質亦差，因為口常開而氣破。

常咬下唇

常輕咬下唇者，心性不定，好勝心強，不服輸，女性還會把這種心態用在愛情上。

笑時露牙肉

笑時露牙肉者，說話不謹慎，得罪人而不自知，且難守秘密。

笑時稍露牙肉

笑時稍露牙肉的人，有表演慾，見藝術才華，選美入三甲的一般都會笑而露牙肉，看多少而已。

先笑而後語

「何知為官一舉超，未發言辭語含笑。」得此相者，為官的會超陞，庶民亦佳，是一個容易受人愛戴與接近的人。

低頭而後語

低頭而後語的人，必有所謀，他們警惕性強，說話之前必細想一番，不是一個可靠的人。

說話面容帶笑，但不停眨眼

如果有這種神情，代表其人在說謊。

「眼皮連續眨不停，含笑知是心不誠」，連續眨眼代表心情緊張，而面帶笑容其實是在掩飾其緊張狀態，故他不是正在說謊話，就必有圖謀。

語對人說眼不對人

書云這類人奸險，但奸險的人動作不會那麼明顯給人察覺。事實上，眼不對人可能只是怕羞或無心與你對話而已，不一定代表這人不可深交。

不言而口動

不言而口動，謂之「馬口」，主一生奔波勞碌，縱有衣食亦一生不得清閒。

常稱人做知己

書云：「若是逢人稱知己，哪能患難共到尾。」得此相者，難以與之深交，如有事相求，其人必然退避推搪，只是表面說你是他最好的朋友而已。

事實上，到處稱人做知己只是他的習慣，可能他每認識人都會說你是最了解他的人、是他最好的朋友。放眼社會，這種人到處皆是，記着切勿輕信，以免被人利用。

唇紅齒白招艷妻

唇色紅潤，牙白而齊，一般容易討得一個漂亮動人的妻子。

古訣論口（一）

【相口】

口為言語之門。飲食之具。萬物造化之關。又為心之外戶。賞罰之所出。是非之所會也。端厚不誕妄。謂之口德。誹謗多言。謂之口賊。方闊有稜者主壽貴。形如角弓者。主官祿。橫闊而厚者。福富。正而不偏。厚而不薄者。衣食。如四字富足。尖而反。偏而薄。寒賤。不言口動。又如馬口。飢餓。鼠口謗毀嫉妒。如吹火。孤獨。狗口平下。縱紋入口。飢餓。紫黑者多滯。口開齒露者。無機。有黑子者。主酒食。口如含丹。不受飢寒。口如一撮者。貧薄。口能容拳者。出入將相。口闊面豐。食祿萬鍾。無人獨語者。其賤如鼠。唇為口舌之城郭。舌為口之鋒刃。城郭欲厚。鋒刃欲利。厚則不陷。利則不鈍。乃善相也。舌大口小。貧薄折夭。口小而短者貧。口色欲紅。口音欲清。口德欲端。口唇欲厚。

訣曰。口如潑砂。食祿榮華。口如抹丹。不受飢寒。口如紅硃。富貴相宜。口如朱唇。必是賢人。非特口德。又且性純。

【許負相口篇】

口角如弓。位至三公。口如含丹。不受飢寒。一則主富。二則主官。口如撮聚。供承人後。虛用心情。其賤如狗。口如縮囊。飢死無糧。縱然有子。必主別房。口如吹火。飢寒獨坐。口如縮螺。常樂獨歌。龍唇鳳口。不可為友。好說不真。常懷麄酌。口如赤丹。不入殷蘭。若是女子。亦得夫憐。口寬舌薄。必好快樂。如此之人。永無凶惡。縱理入口。飢死不久。口邊紫色。貪財妨害。口開齒出。當失算數。必不久長。少即身故。口中有理。常相對益。豐財足祿。終無妨害。口未語。將唇起。奸邪在心。常懷不足。口如馬口。戾害貪醜。口中黑子。食噉皆美。

詩曰
貴人唇紅似潑砂。更加四字足榮華。貧賤似鼠常青黑。破盡田園不顧家。
水星得地口唇方。榮貴肥家子息昌。上下各偏稜角薄。出言毀謗大難防。
口方四字信宜真。兩角低垂說惡聲。唇上紋多仔細相。青薄川紋餓死名。
口如吹火少兒孫。偏左妨妻婦死迍。右畔豎門田產破。黑子當唇藥毒頻。
口如吹火家無子。面上三唇有義兒。舌上常青難可斷。同胞兄弟也難分。

古訣論口（二）

【口為出納官捷徑】

口為言語之門。飲食之具。萬物造化之關。又為心之外戶。賞罰之所出。是非之所會也。須要方大唇紅端厚。角弓開大合小。乃出納官成矣。若端厚不妄誕。謂之口德。誹謗而多言。謂之口賊。稜角分明。如弓向上。齒齊而密。人中深長。謂之財門緊密。主人機深富福。稜角向上者亦謂之德。言而有信。令人敬服。口闊無稜角。而略綽向下者。謂之口勞。惹人憎嫌。言語無信。亦主貧賤。惡死。方潤有稜者。主貴壽。形如角弓者。主官祿。橫闊而厚者。主富福。正而不偏。厚而不薄者。主衣祿。方如四字者富足。大而反偏而薄者寒賤。不言而口動。如馬口主飢。口開齒露者無機關。口如一撮者。主貧賤。口能容拳者。出將入相。口闊而豐者。食祿萬鍾。鼠口者讒誹嫉妬。口如吹火者孤貧。狗口者貧下。如鼠口狹者無衣祿。口闊者食四方。含珠口主富。鱺魚口主賤。且唇者為口之城郭。作舌之門戶。一開一闔。榮辱之所繫也。下唇要如弓。上唇要如弦。欲厚而不欲薄。欲峻而不欲縮。縮囊者夭亡。薄弱者貧苦。唇掀人中短縮者。破家無壽。唇動而撮者好談。上唇搭下唇。及齒咬下唇者。刑剋主淫。心性不定。下唇蓋上唇者。為人輕薄。唇有稜角者貴。唇闊而厚者富。上唇薄。先妨父。下唇薄。先妨母。終受貧勞。上下唇俱厚者。忠信之人。上下唇俱薄者。下劣之輩。上下不相覆者偷盜。上下兩相稱者。言語正直。龍唇者富貴。羊唇者貧賤。上唇長者訕謗。下唇長者破家。唇尖薄者貧苦。唇墜下者孤寒。有紋理者多子。無紋理者孤獨。婦人口闊。先甜後苦。婦人唇掀。而人中捲者產厄。人中有捲珠尖長者。女主自縊。或產難。唇如褰起者。主自縊。說話而口撮聚者。終必破家。

黑子。口有黑子者主酒食。生上口唇者得酒肉。生於口角末者主水災。又云。口有黑痣主財祿。生口角者主失職。婦人口有痣。則陰上亦有。上三下三。上七下七。陰之大小。上下偏斜。驗其口之形。亦可以知其貴賤也。

紋理。縱紋入口者為螣蛇。主晚年飢死。又云。法令直下至頷者。曰壽帶。狹者為事窄狹。闊者為事闊略。分明者。處事公正明白。女人唇多紋理。生兒無比。亂理侵繞者。主晚年不吉。

氣色。口紅潤者貴。黑者賤。青者毒。白者亦然。黃者病。惟繞口黃明者吉。黃入口。主是非。黑入口。主中毒。唇色紅似丹砂者。貴而福。青如藍靛者。災而夭。色暗者苦疾惡死。紫光者快樂衣食。色白而豔者招貴妾。色黃與紅者生貴子。並主吉慶。進人口之喜。

訣曰。口如潑砂。食祿榮華。口如抹丹。不受飢寒。口如紅硃。富貴相宜。口如牛唇。必是賢人。非特口德。又且性純。口如角弓。位至三公。口紫而方。廣置田莊。口角不張。缺乏儲糧。口不見唇。主有兵權。口不露唇。威鎮三軍。口大容拳。位至公侯。口垂兩角。衣食消縮。口角高低。奸詐便宜。口尖如簍。與乞為鄰。口如縮囊。飢餓無糧。縱然有子。必主別房。口如縮螺。常樂獨歌。口邊紫色。貪財妨害。口未發語。先將唇起。奸淫在心。惡害無已。口如撮聚。破產飄蓬。口不見齒。老亦成立。口唇亂紋。一世孤單。口如鱖魚。終須困乏。口如吹火。到老獨坐。口上生紋。有約無成。輕薄口唇。慣說他人。口闊又豐。食祿萬鍾。口角向上彎。終生不怕難。

賦曰。口為出納而主水宿兮。位居坎而受百川。端厚而成四字兮。享富貴之長綿。橫闊而象角弓兮。樂晚景之芳妍。口闊而有稜角兮。日食萬錢。唇紅而且滋潤兮。官拜兵權。螽斯衍慶兮。上下相並而唇有紋旋。食祿萬鍾兮。唇似潑砂而口可容拳。上唇縮兮命難延。下唇掀兮必招嫌。口如吹火兮孤燈獨眠。唇似豬肝兮膝下無緣。

【口說】

口者。人身之海門也。上通溝洫。下連承漿。近乎井竈細廚二部。五嶽曰恆山。五方曰北極。五臟內應於心。乃水火既濟。為出納官。即水星所居之位。接飲食之戶徑。滋身體之根源。為語言之鑰。是非之關。夫海者受納百川。口者受納百味。滋養形體。發乎相以見其美惡也。故欲稜角分明。上下如一。合勢欲小。開勢欲大。口如角弓。唇似丹砂。最忌薄小歪斜。婦女尤忌。唇齒不相蓋者產厄。下唇過上者妨夫。上唇過下者多詐心惡。口角下垂者賤。多悲泣。或為婢妾。笑露齒。必無正夫。無稜角唇粗紫黑。貧賤淫夭。惡無信行。

古訣論口（三）

【一 口之關係】

五十一至六十三。以口定運。口司一生衣祿。故唇薄舌青者。財雖厚不克食（不夭即敗）。唇薄口蹙者。官雖高祿亦少。何知大貴。曰口能容拳。問何以有口大孤窮。曰大而無收。故口要開大合小。何知富顯。曰口如角弓。問何以有角弓蹇滯。曰鬚困祿堂。故口不可鬚蔽。何要朝元。曰水火既濟。何忌下垂。曰水土相剋。濟無不發。剋無不敗。此定理也。且行口運時。相若面起重城。是四水流通。相若耳厚珠垂。是明珠入海。皆享晚貴。若地庫朝天。即下庫不盈亦榮。倘困口鎖喉（見後鬚類）。雖口方地厚亦災。又不可不知也。

【二一 口之格局】

厚者多福。方者多富。有稜角。享厚祿。能容拳主大貴（口大面方乃貴。口大面小。歌吹之賤。大而不收即貧）。小則為弱。反則為逆。偏尖角垂。闊而不正。大而不收。吹火紫黑。皆為賤相。婦人口為子星。且色如赤丹。與夫有緣。故關係至大。惟口方好奪夫權。口大則更主賤（妨夫）。唇掀。唇捲。多產厄。唇白。唇青。多無嗣。上唇包下。無子不賢。餘則悉同一理。

古訣論唇（一）

【論唇】

唇者。為口之城郭。作舌之門戶。一開一合。榮辱之所繫者。唇也。故欲厚而不欲薄。欲稜而不欲縮矣。唇色紅如丹砂者。貴而福。青如藍靛者。災而夭。色昏黑者。苦疾惡死。色紫光者。快樂衣食。色白而艷者。招貴妾。色黃而紅者。招貴子。蹇縮者夭亡。薄弱者貧賤。上唇長者先妨父。下唇長者先妨母。上唇薄者。言語狡詐。下唇薄者。貧賤蹇滯。上下俱厚者。忠信之人。上下俱薄者妄語。兩唇上下不相覆者。貧寒偷盜。上下兩相稱者。言語正直。龍唇者富貴。羊唇者貧賤。唇尖撮者貧死。唇墜下者孤寒。有紋理。多子孫。無紋理。性孤獨。

訣曰。唇如雞肝。至老貧寒。唇如青黑。餓死塗陌。唇色光紅。不求自豐。唇色淡黑。毒殺之客。唇平不起。飢餓莫比。唇缺而陷。主人下賤。長唇短齒。長命不死。唇生不正。言辭難定。

【許負相唇篇】

下唇過上唇。妨夫的是真。上唇過下唇。法多虛假人。唇紫色。足衣食。唇常赤。為貴客。上唇厚。命非久。下唇薄。主貪食。唇上下相當。語音易善。好集文章。女唇紫。夫早死。兼妨首子。唇赤如丹。不要師看。唇上下不相覆。常懷盜竊。終身不富。唇多紋理。兒多無比。唇上紋多紅似花。一生富貴足榮華。唇厚少語薄多訟。依此言之定不差。

古訣論唇（二）

【唇】

唇為口之城郭。舌之門戶。厚則富。稜則貴。紅則榮。上下相稱則美（上短則破敗祖業。上蓋下則孤苦。下短則晚貧無壽。下過上則貧敗妨母）。尖撮者窮。不起亦窮（墜下更孤）。無紋者孤（唇以紋貴。紋理如花。富貴榮華）。皮皺亦孤。其他捲縮。唇掀。缺陷。薄小。皆敗相也。

【論牙齒】

齒為血之餘也，血先足，牙堅實；血氣不足，牙齒自然衰脫。又唇為齒之門戶，門戶不齊，齒焉能全？故論齒必要論唇，唇齒相依也，牙不齊即使口唇四正亦常妄語；唇歪斜即使門牙整齊亦口不對心，必要門牙整齊，嘴唇四正，才能言而有信，一諾千金。

牙以當門兩齒最重要，除了看父母，亦看夫妻感情、言語、身體等。

牙齒之相學意義

看父母

左門牙為父，右門牙為母。如門牙齊整、大小如一，代表父母感情無恙；但如門牙大小不一，歪斜不齊，必主父母不和。

看夫妻感情

左門牙為夫，右門牙為妻，左右門牙不對稱，關係會以大者為主導——左門牙大，夫作主導；右門牙大，妻作主導；如門牙分開，中間有縫隙，必主夫妻不睦。

看言語

門牙整齊，言語可靠；門牙歪斜或中間有縫隙，必然言語不實，好誇大，滿口虛言妄語。

看身體

牙是血之餘，故牙不堅實能反映體質有不足之處，必然血氣弱，體力衰，宜多做運動，堅其體質。

古書常說，牙多者貴，牙少者賤，這是謬誤，因古代相書常說王侯將相，必有異人之姿，好讓一些長相無奇特之處的平民百姓，好好安分守己，不要妄想做皇帝。

其實，現代稍為有知識的人都知道，一般牙齒有二十八隻，加上四隻智慧齒共三十二隻，而筆者只有兩隻智慧齒，故只得三十隻牙。

由此可知，牙不重多少，最重整齊而不露縫隙，且以長白者為佳；短而露牙肉，或黃黑者為差，又牙相以上排最為主要，下排即使長得不整齊亦無大礙。

牙齒形相

門牙特大

一般人稱之為「兔子牙」，代表與父無緣、夫星難靠，又一般兔子牙以女性居多，男性即使有亦無特別代表。

門牙特細

門牙特細且微微向內生長者，一般性格自悲，可能因其是私生子之故。得此相者，以前多為庶出，現代則為小老婆所出。

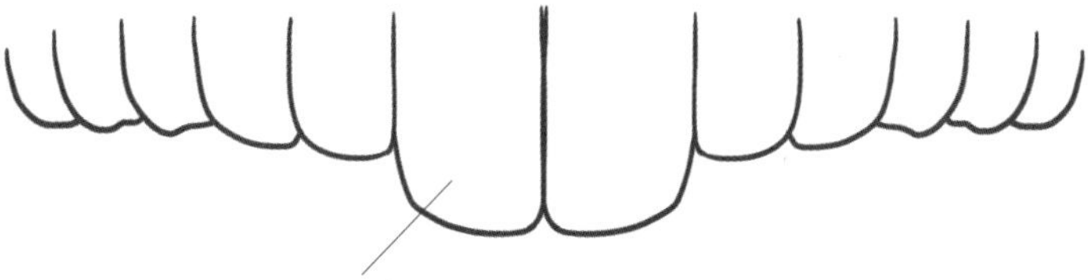

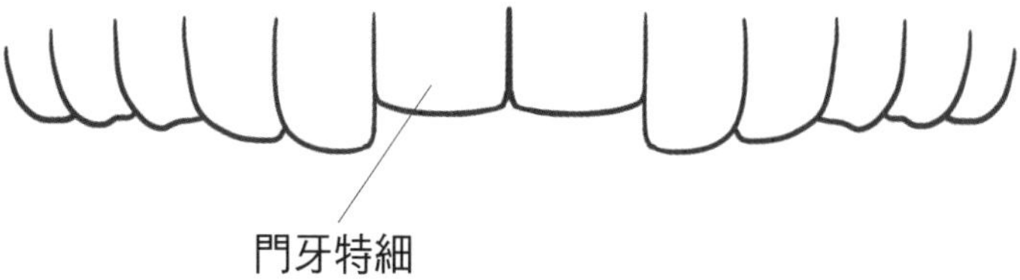

牙長

牙以長為貴，有時牙長不在表面，深藏在牙肉內的牙腳也計算在內，故有時貴人表面牙齒短小，誰知牙腳其實深藏在牙肉內，但我們不是牙醫，無法得知其牙齒的真正長短，唯有從表面察看，但這也有一定的準確程度。

牙短而齊

牙短而齊，像石榴子一樣，亦為貴格，主言語謹慎，守信重諾，與長牙齒一樣，但長牙者大富大貴，短齊者縱然富貴，亦中人之福矣。

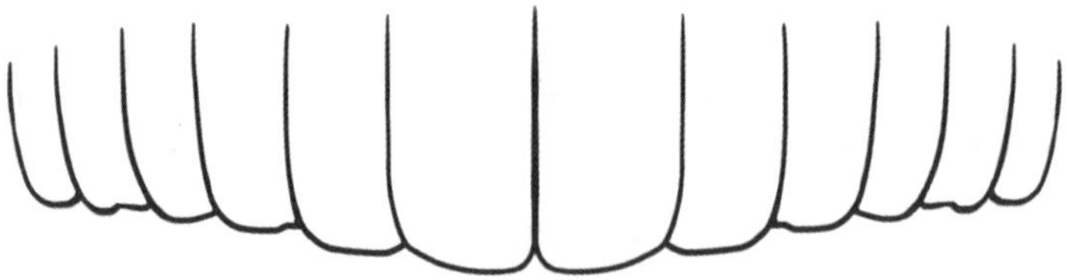

牙長

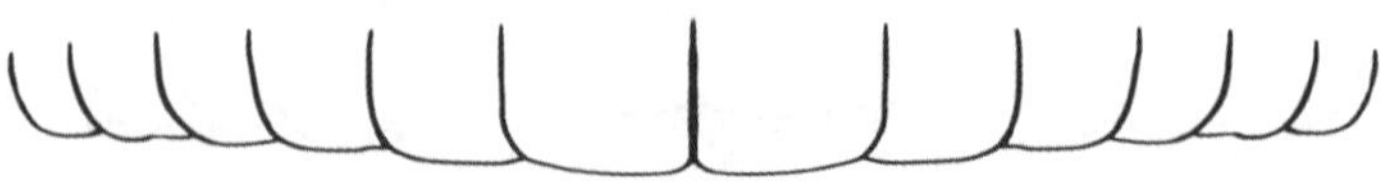

牙短而齊

牙短而牙陷於牙肉內

不論天生也好，後天病變也好，皆代表其人語詐，言語不實，不守承諾，好誇大。有時，這亦代表其人因說話技巧不佳，而容易在言語上得罪人而不自知。另牙齒露肉，又代表其人難以保守秘密。

門牙有疏隙

門牙有疏隙者，多話多言，有意思、無意思的都可以說個不停，而且言語不實，好誇大，千萬不要輕信其言。又左右門牙分開，代表父母不和，有分離之象，而自己的夫妻關係亦容易較為疏離。

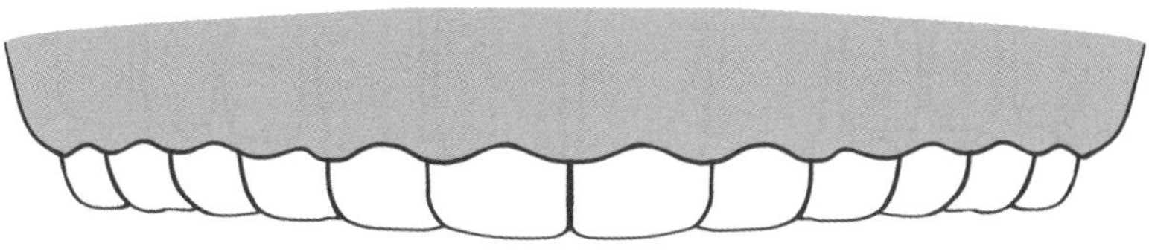

牙短而牙陷於牙肉內

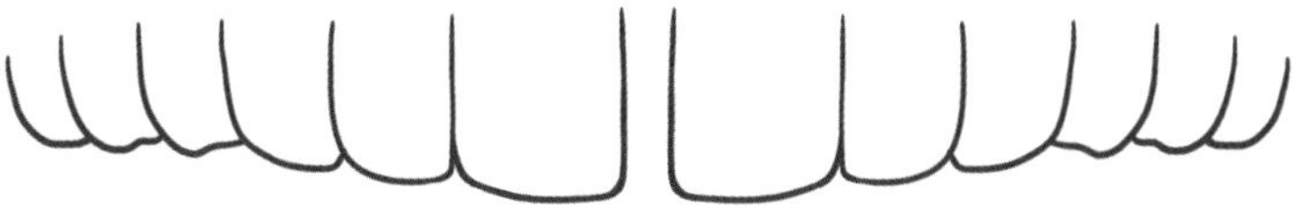

門牙有疏隙

牙齒特別疏

除門牙以外，如果其他牙齒都有疏離之象，情況會與門牙見疏隙一樣，只是程度更為嚴重而已。得此相者，好誇大，大到令人一聽便知道是說謊。但因他們的言語系統先天就有這種毛病，故不容易糾正過來。

左右門牙，大小不一

左門牙為父、為夫，右門牙為母、為妻，如左邊門牙特別大的話，代表家中由父親及丈夫掌權；相反右邊門牙特大，則父有惡妻之象，而自己亦怕老婆。

牙齒特別疏

右大母強

左大父強

左右門牙重疊

左疊右代表母親常受父親所欺，女性亦代表被丈夫欺凌；右疊左代表母權較大，家中女性的性格會相對硬朗，而男性命主就代表家有惡妻。

鬼牙

鬼牙即牙齒參差齙凸，重重疊疊，好像鯊魚的牙齒一樣，一般代表家庭環境較為複雜，父母大多不和，少年運差，自卑，甚至演變成較多小動作，如下意識常用手遮着嘴巴說話及掩齒而笑。上代日本人因牙齒不齊，很多時會有此小動作，但現代社會科技發達，可靠矯形手術改善外觀，從而增強自信心。

右疊左

左疊右

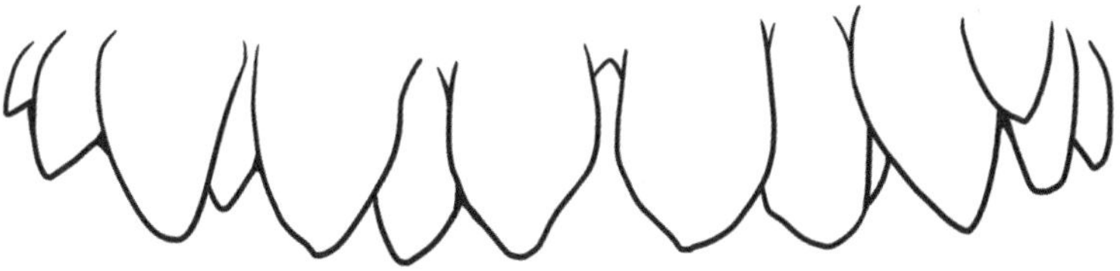

鬼牙

上齒蓋下齒

上為陽，下為陰，上覆下代表母親與妻子身體較差或早去世。

下齒覆蓋上齒

此乃陰勝於陽之象，代表父親與丈夫身體較差或早去世。

少年落齒

十八歲前不管門牙是意外或自然脫落，皆代表與父母無緣，而且財難聚。如左面門牙脫落或崩缺，代表那個時期父親

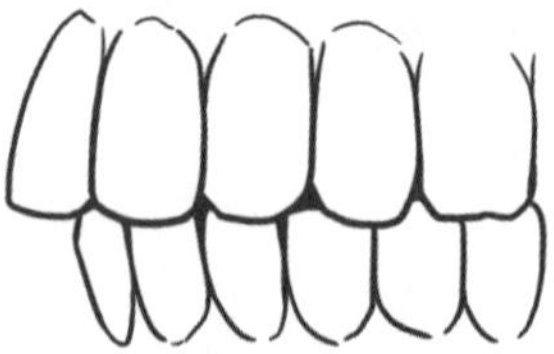

上齒覆下齒

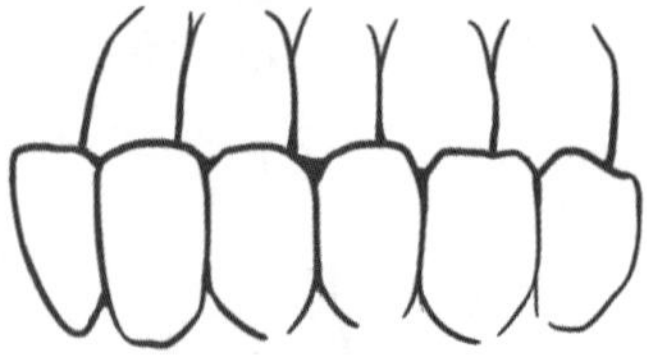

下齒覆上齒

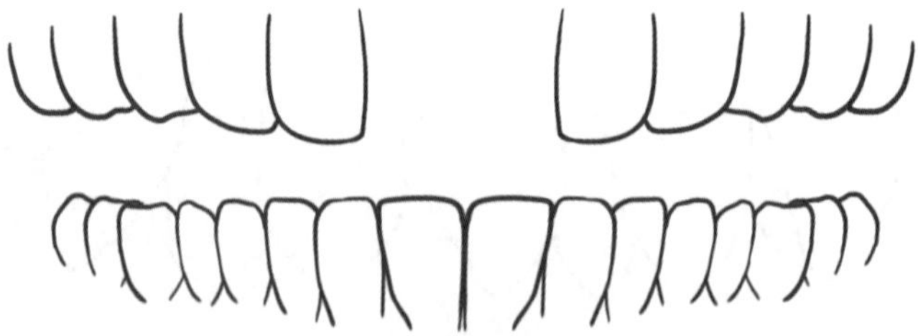

門牙落掉

抱恙，右邊門牙則代表母親。

又少年落齒多不壽，中年落齒多刑劫；中年復齒主添壽，晚年復齒更延年。筆者有一位客戶的媽媽，於八十多歲時再長出新牙，覺得奇怪，故來查詢，這其實是長壽之徵。

哨牙

之所以形成哨牙，很大原因是其人的舌頭喜歡「郁動」，或年少時常常用舌尖頂着牙齒，以致牙齒向外。不過，不論先天或後天形成哨牙，皆代表其人多言，話會說個不停，如要他閉嘴可謂比死更難。這種牙最適宜從事用嘴巴去謀生的工作，如銷售、講學、旅遊領隊等。

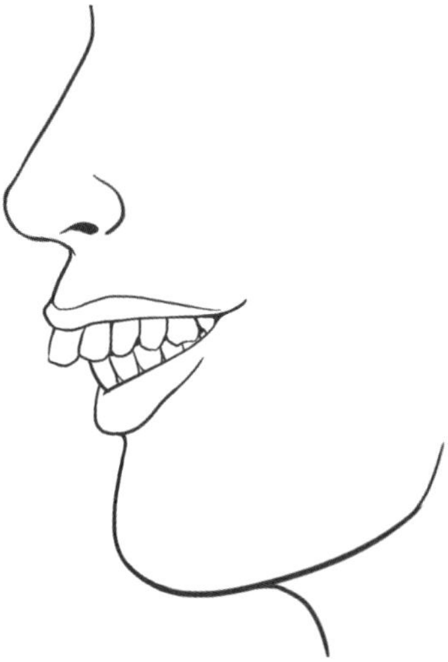

哨牙

假哨牙

假哨牙即上排牙齒微微向外凸出，但又不至於哨牙那麼嚴重。

如配合上唇不太厚而端正，代表其人能言善道，是一個口才了得的人，從事游說性質的工作最為適合。

牙齒向內生長

一般人稱之為「倒牙」。上排牙齒往內生長，主其人性格內向，每喜把事情藏於心中，這是其本性；但如果牙向內卻喜歡說話，則代表他非常不夠言語技巧，每

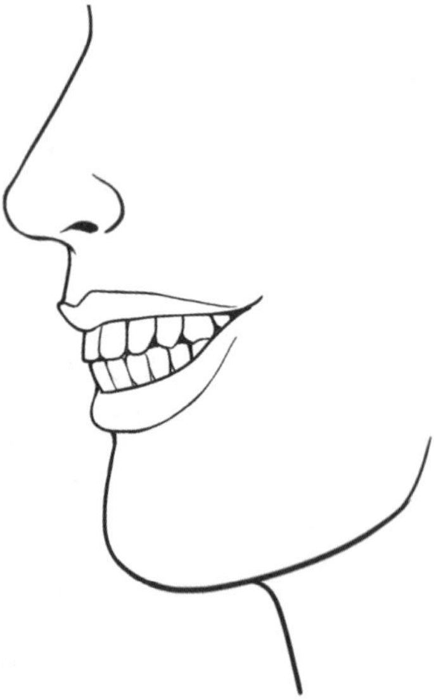

假哨牙

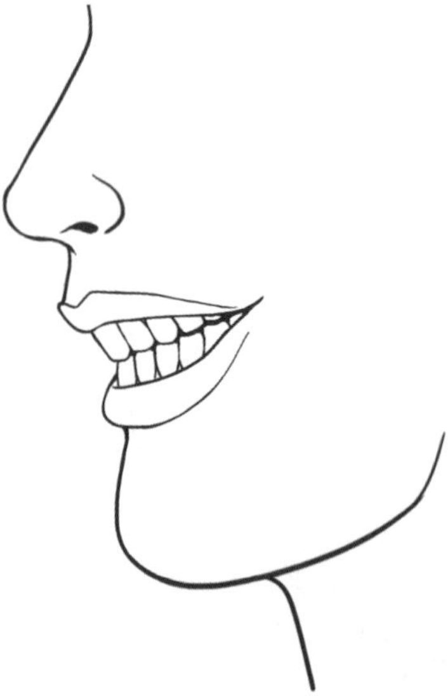

牙齒向內生長

每容易因說錯話而得罪人，是一個不太受歡迎的人。

牙齒灰白

牙齒灰白的人，體質差，一生感情不定。

牙齒灰黑

牙齒灰黑者，少年多病，常發高燒。

笑而露齒，與謀必洩

笑時露出太多牙肉，代表其人難以保守秘密，往往在有意無意之間，把心中的秘密告知了別人而不察覺。

結喉露齒

結喉露齒，「須防死於他鄉」。結喉，即喉核大而凸出；露齒，即露牙肉。瘦人結喉尚可，肥人結喉則災險難免。

牙平

上古人類只有臼齒，他們以素食為主。慢慢演進，人類才長出尖銳的犬齒與利於切割的門牙，變成雜食動物。在現代，如見人以平的牙齒居多，主容易有素食傾向。

牙尖

牙尖者，必愛肉食，可說是無肉不歡。故此，牙愈尖愈愛肉食，牙愈平愈愛素食，此乃天性使然也。

古訣論齒（一）

【牙齒捷徑】

夫齒者。骨之餘。筋血盛衰攸殊。血壯則齒堅。血衰則齒落也。搆百骨之精華。作一口之劍鋒。運化萬物。以順六府者也。故欲得細而密。長而厚。多而白者佳。又欲排而堅。不欲漏而斜。堅排密固者。聰明長壽。齊淨密者貴。如石榴子白齊者富貴。齒齊平正者性善。鈎齒者謀慮深遠。亦防疾厄。烏及黃者。離祖破敗。當門兩齒大者剋父母。早主重拜。上齒露而唇縮者。成敗不得眾情。左齒缺者。中年成敗官司。右齒破缺者。婦人破敗。兩尖鬼牙者。主貧賤。不然早剋父母。而一邊鬼牙者富。好佛唸經。亂疊生者狡猾。橫露出者暴亡。疏漏者貧薄。短缺者愚夭。焦枯者橫夭。語不見齒者富貴。壯而齒落者壽促。紅白者貴。當門齒上下有縫對。及兩齒大者。父母相繼死。瑩白者百謀百遂。黃色者。千求千滯。如黑椹命短。如白玉高貴。如銀餅清職。如石榴子福祿。如劍鐔者貴壽。如粳米者年高。上闊下尖。如列鋸者。

性粗好多食。上尖下闊。若排角者。性鄙好食。羊齒者。子息顯達。牛齒者自身超榮。鼠齒者夭貧。犬齒者忿毒。落當門齒者刑剋。齊大者主信行。小兒百日半週生齒者夭。婦人齒密者貴。婦齒細疏者剋夫。不然隔角。一齒露者。難為六親。開口露齒者。多主不足。婦女尤忌。

訣曰。齒如金玉。受天福祿。齒如斬銀。富貴不貧。白而密方。仕宦無殃。齒黑而疏。常在危途。齒長一寸。極貴之論。參差不齊。心行詐偽。齒如白玉。自然歌樂。財食自到。不用苦作。齒如銀餅。必是貴人。齒如龍齒。主生貴子。齒齞竅出。每事漏失。齒縫稀疏。財食無餘。如此之人。勿與同居。齒露唇掀。須防野死。鬼牙尖露。譎計奸妬。齒如黑色。必定刑剋。唇不蓋齒。不令人喜。

賦曰。齒當門定忠信兮。欲齊正而密固。若石榴且光潤兮。洵玉墀之可步。堅排齊整兮義聲布。方密潔白兮富饒裕。如銀餅兮清高。似劍鐔兮雅度。齒瑩白玉三十六兮。必王侯而遭奇遇。黑黃疏漏二十八兮。定貧苦而多讒妬。尖若立錐兮。語言虛詐而作事乖忤。露又掀唇兮。處事陰謀而定招眾惡。

【齒詩 五首】

齒密方齊是大儒。奸貪歪類齒牙疏。色如白玉聰明子。年少聲名達帝都。
好個朱門擁五車。只因齊密石榴牙。堆金積玉家豐厚。還羨紅盤覆白花。
唇紅齒白好文章。密固堅齊作棟樑。尖大漏疏貧夭漢。休教父母作兒郎。
掀唇露齒總欺心。巧語簧流若五音。怕惹是非應拒絕。不能拒絕是非侵。
齒方端正信行多。露出鬼牙勝六婆。貧漢由來生鼠齒。不為盜賊欲如何。

【齒說】

夫人之生齒也。最有定評。男八月生齒。八歲而齔（初謹切。親上聲。毀齒也）。女七月生齒。七歲而齓。上曰齒。下曰牙。齒根肉曰齦（音懇）。宜紅厚不宜薄而白。觀康壽之人。齒牙齊固而密。賤夭之人。則稀淺（淺者。齦不堅固也）而疏。牙齒大欲密。長欲整。排欲堅。不欲漏風尖斜。缺落黑黃。其密固堅牢者長壽。紅如榴子者貴。白如銀光者富。牛齒者富而福。鼠齒者貧而賤。龍齒者貴而有威。虎齒者富而多權。馬齒者小貴。鹿齒者高壽。猴齒者狡猾。犬齒者偷竊。羊齒者勞碌。豬齒者貧夭。象齒者多危。齒不宜夜齰（胡谷物。音觳。齒聲。睡中磨牙也）。齰則孤苦。笑不宜齤（音權。笑而見齒也）。齤則淫賤。若齞（音碾。唇不蓋齒也）。則招怨。若齜（音柴。開口見齒貌）。則寡信。若齵齲（音牙禺。齒不正不齊也）。則詭譎詼諧人也。若上覆下者。幼歲困滯。下掩上者。晚歲鰥寡。當門二齒缺者。命多蹇滯。齒若瓠犀者。其人高貴。疏漏者信義不全。黑黃者貧乏無依。亂疊生者多病壽促。堅牢者壽考。排密者聰俊。齊整者福祿。三十八齒者王侯。三十六齒者卿相。三十四齒者朝郎。三十二齒者。中人福祿。三十齒者。庸流之輩。二十八齒者。貧乏之流。二十六齒者。下賤之人。

古訣論齒（二）

【許負相齒篇】

齒白如玉。自然歌樂。財食自至。不用苦作。齒如斬銀。必是貴人。齒如石榴。富貴他求。齒如龍齒。法生貴子。齒齦竅出。每事漏失。齒逢疏稀。財食無餘。如此之人。與鬼同居。齒數三十六。貴聖有天祿。若三十以上。富貴豪望。足滿三十。衣食自如。齒色黑。多妨剋。三十以下。漸多飢寒。衣食必少。壽命短促。

詩曰　齒密方為君子儒。分明小輩齒牙疏。色如白玉須相稱。
年少聲名達帝都。唇紅齒白文章士。眼秀眉高是貴人。
細小短粗貧且夭。燈窗費力枉勞神。

【齒】

齒為骨餘。血旺乃堅。血衰則落。長一寸者至貴。卌八齒王侯。卌六齒卿相。卌四齒朝郎。卌二齒中人福祿。三十齒平平。白淨色瑩者亦貴。二十八齒貧窮。白淨色瑩者亦富。可見齒之貴者。曰長曰多曰白曰齊。當門二齒。是內學堂。太大則剋父母。早落則剋妻子。露則劫財。缺則蹇滯（左缺中年官非破敗。右缺中年婦人破敗）。又要語不見齒為貴。結喉露齒（男則骨肉分離。女則妨夫絕子）者外鄉死。笑而露齦者性必淫。貴女無賤齒。白而尖稀多淫少子。露而疏稀。妨子剋夫。唇齒不蓋。並多產厄。

【論舌】

舌為言語之輔助，舌頭尖小，言語必然靈活，善辭令；舌頭大則言語不清，詞不達意。

舌貴紅，黑白皆不利，身體必差，又從其色亦可觀人之格局。古書有云：「色紅如硃者貴壽，赤如血者富祿，白如灰色貧苦，黑如翳者勞賤。」

尖舌

舌尖小而厚的人，說話靈活，言辭快而謹慎。

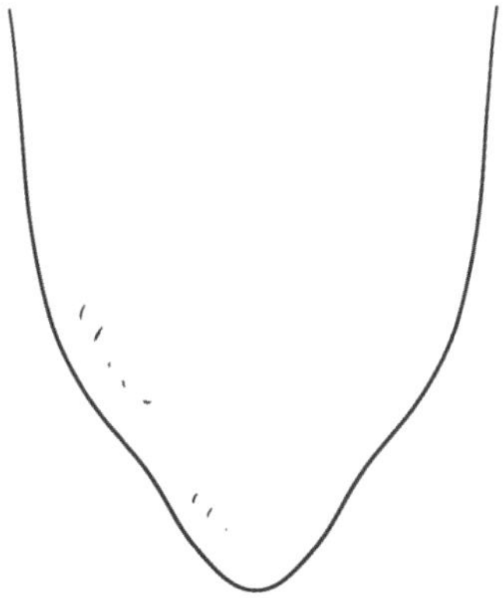

舌尖小而厚

尖薄

舌頭尖薄，話語雖快，但不誠實，妄語多。

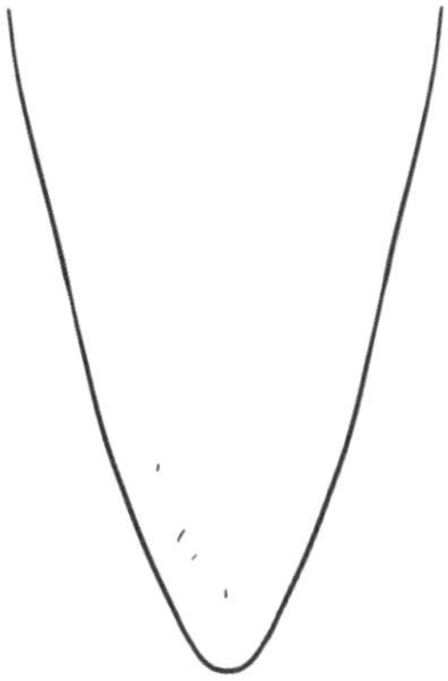

舌尖薄

方舌

方而不大，言辭謹慎，不妄語，是一個可靠的人。

方舌

舌頭方大

舌頭方大，必不善言辭，所謂舌大口小，言不了了。

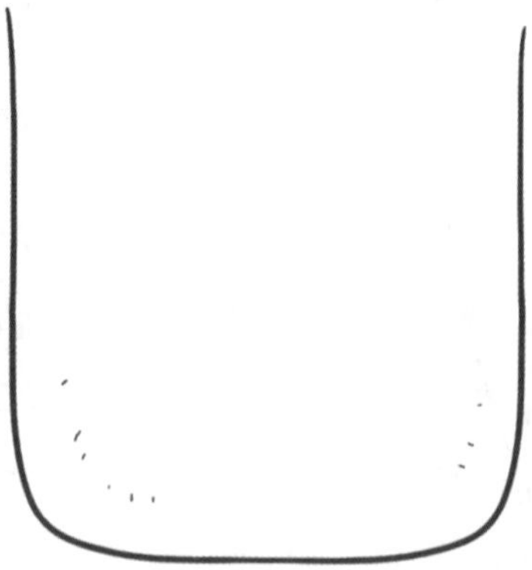

舌方而大

紅潤

舌頭顏色紅潤，身體自佳，福祿不差，感情婚姻亦容易圓滿。

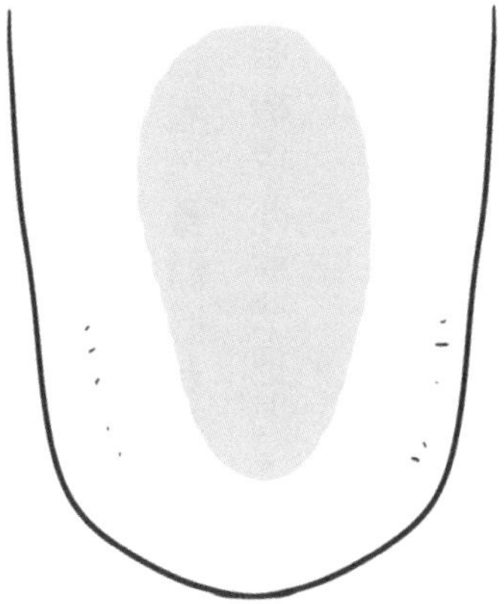

舌頭紅潤

暗黑

白貧黑賤，故舌頭暗黑者，不入貴格，一般多為中下階層，縱有衣食亦要低聲下氣求人。

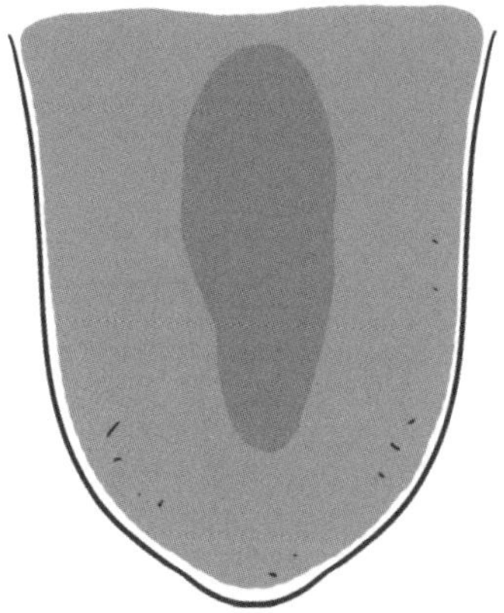

舌頭暗黑

慘白

舌白者，身體必有不良部位，以致體弱多病，縱有機會亦無法把握，皆因體弱之故。

舌紋、舌長

古書常說，舌有紋則貴，無紋則賤，又云：「舌長至準頭者大貴」，但這只可以作為參考而已。

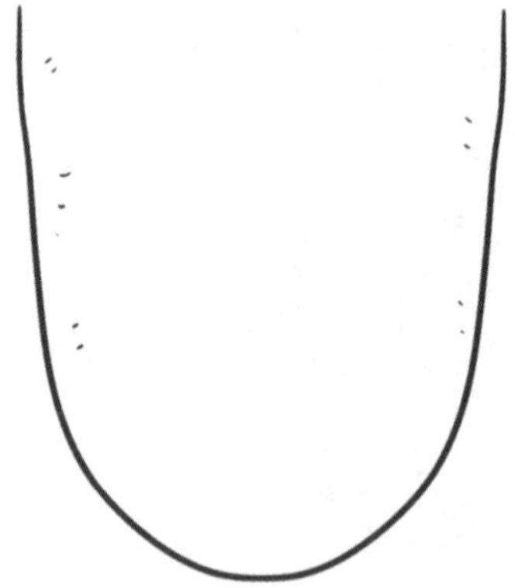

舌白

古訣論舌（一）

【舌相捷徑】

舌之為要。內與飲食為號令。外與應對為鈴鐸。故善生靈液也。則為神之宮府。密傳志慮也。則為心之舟楫。性命之機關。一身之樞紐。有所繫焉。故舌形有大小。有圓方。有厚薄。有長短。尖縮。其紋有縱橫。有粗細。其氣有濕潤。乾燥。焦枯。其色有青黃赤白黑紅紫。無非欲方大長厚。多紋理。氣潤澤。色紅紫。皆智慧富貴壽考人也。若圓小短薄尖縮無紋理。氣乾枯。色黃白。皆下愚貧賤壽夭人也。色若青黑重者。即死之兆也。舌長而紅者。聰明而貴。舌短而大者。愚魯而貧。舌長而尖者狠毒。舌薄而小者奸貪。舌常舐唇者淫賤。舌有繡紋者大貴。色紅如硃者貴壽。赤如血者富祿。白如灰者貧苦。黑如翳者勞賤。

訣曰。舌至準頭。位必封侯。舌大而方。位至公王。舌上長理。王公可擬。舌小多紋。安樂不已。舌如硃紅。位至三公。舌長而薄。萬事虛耗。舌短唇長。晚年慌忙。既薄而小。貧個無了。舌小口大。言語捷快。舌頭粗大。飢餓無怪。舌小而短。貧賤所管。舌上黑子。必無終始。舌上繡紋。奴馬成群。舌大口小。言語不了。舌厚而長。仕宦吉昌。舌有交紋。貴氣凌雲。舌無紋理。尋常之子。舌似紅蓮。廣積田園。未言舌見。多招人怨。舌常舐唇。不貧則淫。

賦曰。舌為口之鋒刃兮。欲方大而長紅。似潑砂噀血兮。必位極而明通。舌長至準兮。位列三公。潤澤明朗兮。性最玲瓏。若見紋理縱橫兮。定祿庫之盈充。紋現八字分明兮。卜異相之豪雄。雖小窄而方赤兮。亦可附鳳而攀龍。苟紫黯而長薄兮。身似孤鶩與飛鴻。舌大口小兮。方寸定是朦朧。舌小口大兮。言語其捷如風。如牛舌兮富而聰。似蛇舌兮奸若忠。龍舌兮極貴。虎舌兮聲洪。猴舌兮狡猾而心狠。馬舌兮好吝而富豐。七星紋理。享千鍾兮無窮。三凶紋足。食萬戶兮善終。

【長厚舌】富貴福壽

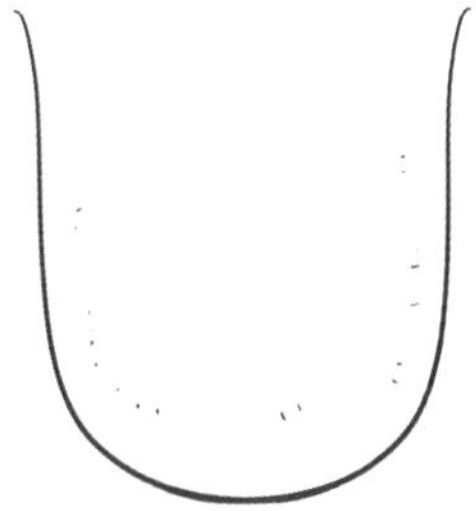

舌厚長能舐準頭。
庸流也可作王侯。
體虧形重精神短。
一世無虧享九疇。

【長尖舌】毒惡非常

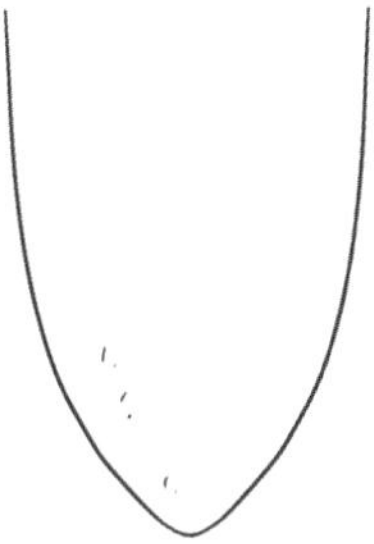

舌子雖長露舌尖。
心如蛇蠍語言甜。
終身謀望謀難就。
遇事對人惹怨嫌。

【短小舌】貧乏壽夭

短小無紋最賤貧。
家徒四壁少朋親。
青蚨足用依宗祖。
多少飄流陌路人。

【長方舌】極品榮華

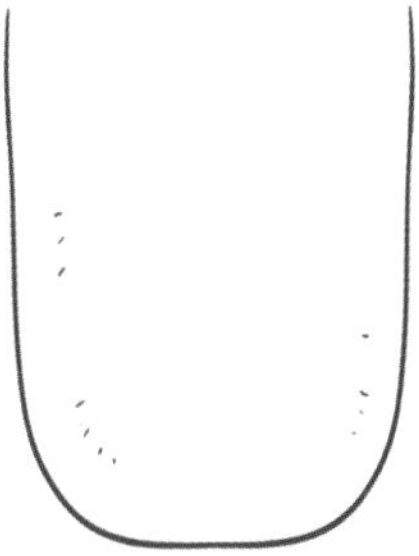

舌長潤澤見端方。
紋理縱橫畫數行。
滿腹經綸終發達。
好看他日守封疆。

【短方舌】大器晚成

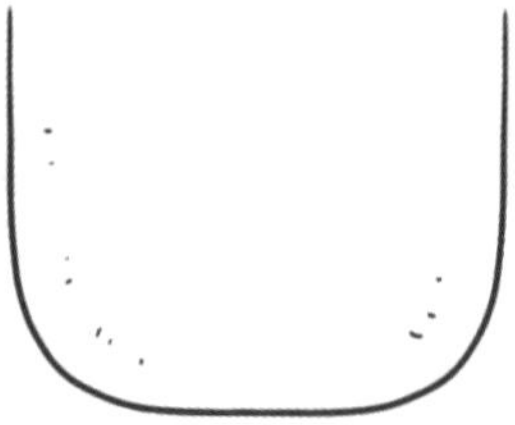

舌短而方貌可師。
胸懷韜略有奇思。
生來豐足何須問。
大器無如要待時。

【短薄舌】好說是非

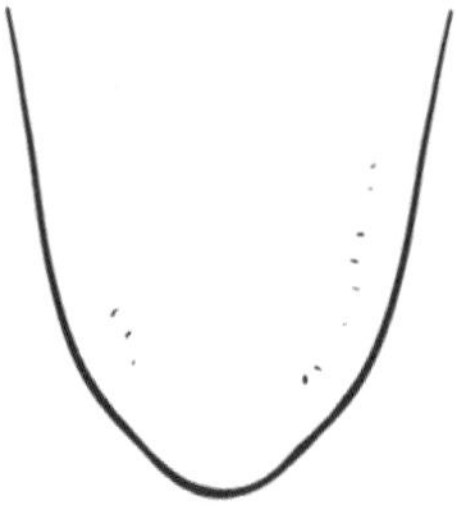

舌如短薄性凡庸。
縱在朱門敗祖宗。
此子不愚還壽夭。
莫將蛇虺作潛龍。

【舌詩 五首】

舌到準頭世所稀。驟然一見便稱奇。身居閭巷何愁窘。自有風雲際會時。

方長闊大色如丹。困頓豪雄不久寒。志氣凌雲終發達。和聲正論立朝端。

縱橫紋理祿千鍾。縉笏垂紳拜九重。嶽瀆精神無配合。晚年猶可受貤封。

蛇舌細長毒最深。語言無序起狼心。形成矮小財源涸。不惹是非有禍侵。

無事常將舌舐唇。性情詭譎是邪人。家中婦女如斯相。淫濫不堪禍比鄰。

【舌説】

夫舌。五臟之精華。所由生焉。紅赤其色。乃根於心。剛柔其性。乃根於肝。審識其味。乃根於脾。滋潤其聲。乃根於肺。潄液其流。乃根於腎。其源通乎氣。攝乎精。變乎神。所以精神健暢。則多食而有味。精神困倦。則少食而不知。又發於聲音之表。見乎語言之間。有乾濕燥潤之别。在修煉家以舌舐上顎。迎湧泉之水。名曰瓊漿玉液。醴泉華池。神水赤水。灌溉臟腑之力。調理百脈之功。其理甚大。其益不小。況醫家亦要驗其氣色。知其病源。而相理所取。欲得端而厚。長而大者。上相也。舌如絳赤者。賢人也。長至準頭者。王侯也。長大紅如硃者。卿相也。多有理紋者。翰苑也。多縱理紋繞之者。或又一台諫也。舌上有錦紋而成其一字者上貴也。又曰。舌作一身鋒刃。故古人祖廟著金人之銘。飲酒歌圭玷之詩。評其端醜。戒其妄動也。是以君子避三端。避文士之筆端。避武士之鋒端。避辯士之舌端。有詩曰。口是禍之門。舌乃斬身刀。閉口深藏舌。安身處處牢。

【論舌】

夫舌之為道。內與丹元為號令。外與重機為鈐鐸。故善性靈液也。則為神之舍體。密傳志慮也。則為心之舟楫。是以性命樞機。一身得失。有所托焉。由是古人評其端醜。戒其妄動也。故舌之形。欲得端而利。長而大者。上相也。若狹而長者詐而賊。禿而短者迍而蹇。大而薄者多妄謬。尖而小者為貪人。引至鼻者。位至侯王。剛如掌者。祿至卿相。色紅如硃者貴。色黑如翳者賤。色赤如血者祿。色白如灰者貧。舌上有直理者。官至卿監。舌上有縱紋者。職任館殿。舌紋有理而繞者至貴。舌艷而吐滿口者至富。舌上有錦紋者。出入朝省。舌上有黑子者。言語虛偽。舌出如蛇者毒害。舌斷如崛者蹇滯。未語而舌先至者。好妄談。未言而舌舐唇者。多淫逸。大抵舌欲紅不欲黑。舌欲赤不欲白。舌形欲方。舌勢欲深。

訣曰。舌短而大。愚魯懈怠。舌小而長。仕宦吉昌。長而舐鼻。位隆輔弼。舌出如蛇。毒害淫奢。舌形欲方。舌勢欲深。舌無紋理。尋常之侶。

【許負相舌篇】

舌小窄方。法注公王。舌上長理。三公可擬。舌小多紋理。安樂長不已。舌至鼻頭。必得封侯。舌大而薄。萬事虛耗。舌大口小。言不了了。舌小口大。言語捷快。舌過粗大。主多飢餓。舌小而短。法主貧賤。舌上黑紫。必無終始。口語未出。其舌先見。好語他事。必自改變。舌上繡紋。奴馬成群。財帛千萬。富貴凌雲。舌有支理紋。富貴必超陞。

古訣論舌（二）

【舌】

相謂舌至準頭。貴封王侯。不知舌貴紅（硃紅大貴。赤血厚祿）。長若白黑（白貧。黑賤）。不貴也。舌貴紋（紋理如花多子榮華。直理橫理。皆主大貴。川紋主大富）。長若無紋不貴也。舌貴厚。長若薄不貴也（奸貧）。舌貴方。長若尖（賤狡）。不貴也。短小者貧（短方亦榮）。白黑者賤。禿則多困。斷則多滯。可見舌之貴。在長方紅厚也。至於舌至準頭。官星陷者不貴。準空山斷。口薄角垂。且主大敗。亦不貴也。故舌長至準者。得貴星乃大貴。得財星（鼻）。乃大富。得祿星（口）。乃重祿。區區至準。何足道哉。

【論地閣】

地閣為整個下巴，是六十一至七十一歲這十年的流年部位，但其實整個晚年都倚重地閣。地閣好則晚年衣食豐足，子女緣佳；地閣尖削瀉氣，則晚年運差，子女不睦，故地閣為整個晚年的主宰。地閣宜朝，腮骨宜闊且有肉包裹，這樣歸來一定飽脹；最忌地閣不朝，腮骨無力，必主子女緣薄，晚運不佳。

地閣部位及流年圖

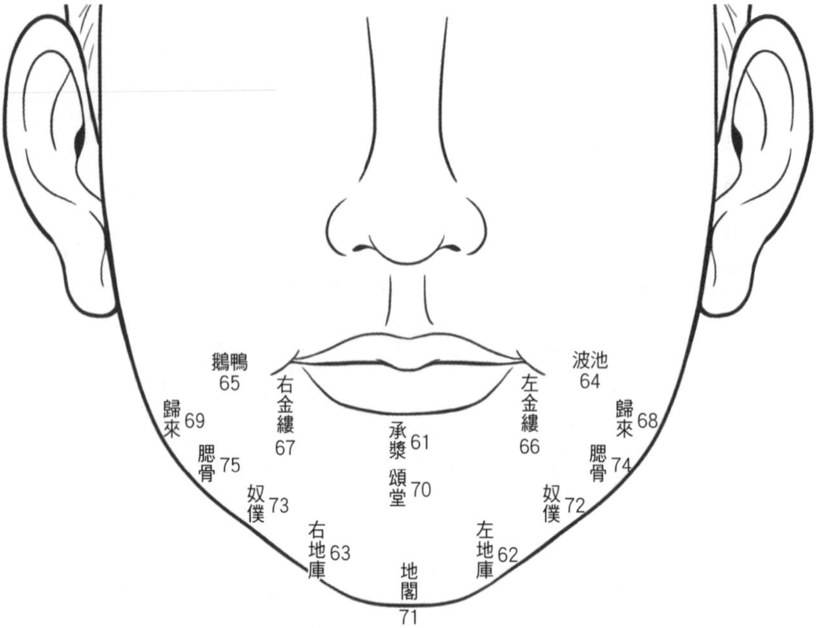
鵝鴨
65
波池
64
右金縷
67
左金縷
66
歸來 69
歸來 68
承漿 61
腮骨 75
腮骨 74
頌堂 70
奴僕 73
奴僕 72
右地庫 63
左地庫 62
地閣
71

六十一歲——承漿

下唇中間對下之凹陷位置為承漿，代表六十一歲，亦代表一生之飲食，一般以凹陷、無紋侵痣破為佳，主飲食順利，酒量經鍛煉之後能千杯不醉；如承漿平滿，則酒量怎樣鍛煉都無補於事。

如承漿有紋侵痣破，飲食不免常出毛病，易腹瀉、食物敏感；嚴重者，容易食物中毒，尤其是外遊之時，較易因水土不服而引致不適。如承漿現暗黑色，短期內在飲食上要加倍小心。

六十二歲至六十三歲——左右地庫

在下巴尖端的左右位置，為左右地庫，代表六十二、六十三歲兩年，最宜下巴寬闊且向前朝，這樣地庫位置必然隨之豐朝，如此者流年運程必然通順。

六十四歲至六十五歲——波池、鵝鴨

波池、鵝鴨位在嘴角左右對開，一般為有酒窩之處，是六十四、六十五歲的流年部位，最宜豐滿且有肉凸起，代表這兩年運程通順。

最忌者凹陷或有酒窩，必然代表這兩年運程蹇塞不通。在古代農耕社會，如波池、鵝鴨有破，主這兩年家禽眾畜會相繼死亡；而在現代社會，則可代表飼養的寵物出現健康毛病，自身運程亦差。

六十六歲至六十七歲——左右金縷

左右金縷為六十六、六十七歲的流年部位，是指嘴角左右向下伸延的兩條紋。法令代表事業，金縷代表兼職，如金縷長

得比法令深長，就代表兼職做得比正職還要出色。但金縷不是人人有的，如沒有金縷，只要那兩個位置飽滿，甚至有肉微微凸出，亦代表這兩年運程通順。

最忌者金縷不現，法令又短，嘴角左右凹陷，必主這兩年運程反覆不順，這樣的話，萬事都以保守為佳。

六十八歲至六十九歲——左右歸來

左右歸來位在虎耳之下，腮骨之上，代表六十八、六十九歲兩年。腮骨有力，歸來自然飽脹；腮骨瀉洩，歸來必然瘦陷無力。

歸來飽滿，代表兒女緣分佳，晚年在身邊的機會大；反之，歸來瘦陷，代表兒女緣分一般，老來在身邊的機會不大。

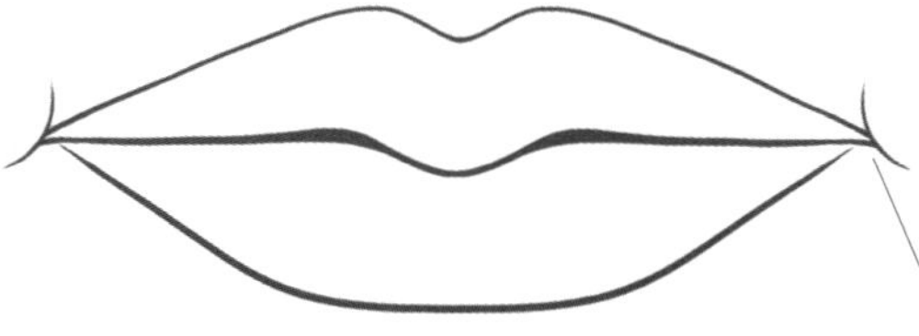

金縷之處，
嘴角有肉微微凸出

七十歲——頌堂

頌堂位在承漿之下、地閣之上，代表七十歲。古代有說「人生七十古來稀」，故到了七十歲應該值得讚頌，大肆慶祝。

七十一歲——地閣

地閣即下巴末端的位置，代表七十一歲。其實，七十歲以後主要看整個下巴是否夠寬、夠闊、夠飽滿，再察看雙目是否夠神采，這樣判斷晚運之流年，會更為準確。雖然流年部位的年歲寫至一百歲，但「七十六七尋子位，七十八九丑牛耕」那些已經沒有意義，只是中國人喜歡長長久久或十全十美，才將之堆砌夠數，實不能參看那些部位而斷其吉凶。

至於一百歲以後再從耳朵開始判斷其人之吉凶，亦不大可靠，唯一可信的數據只有八字一途，但因例子始終不多，亦只能作參考而已。

其實人到六十歲以後，可配合下巴之形狀變化，以及眼神是否足夠來判斷其流年吉凶，因為即使下巴兜，腮骨有力，但眼神弱，則運佳亦不夠體力去拼搏；相反，即使下巴尖削，晚運不佳，但眼神足，亦可以把中年之運勢延續下去，就算再無突破，也不至晚年潦倒。

下巴與面形一樣，亦有分為思想型、運動型、享受型以及其他多種不同的形狀。

下巴形態

尖下巴

尖下巴者，為思想型，又下巴愈尖，家在其心目中所佔的位置就愈小，所以思想型下巴的人不太重視家庭生活，而家對他而言，只是一個睡覺的地方，不會刻意花心思去佈置。

思想型的人長於思想，短於行動，實行力不足，體力亦不足，不是一個實幹型的人，故從事思想、創作性之工作最為合適。

另外，下巴愈尖者，性格愈不安定，常喜歡四處跑，不太享受家庭生活，如配上一個圓闊下巴的配偶，婚姻比較容易出現問題；如配同樣是尖下巴的伴侶，則可以一起浪跡天涯。

方下巴

方下巴為運動型，主其人體力強健，有耐力，能持久在艱苦的環境中搏鬥，不是一個容易退縮與認輸的人，這種地閣在運動員、武術家、探險家的面上最容易找到。

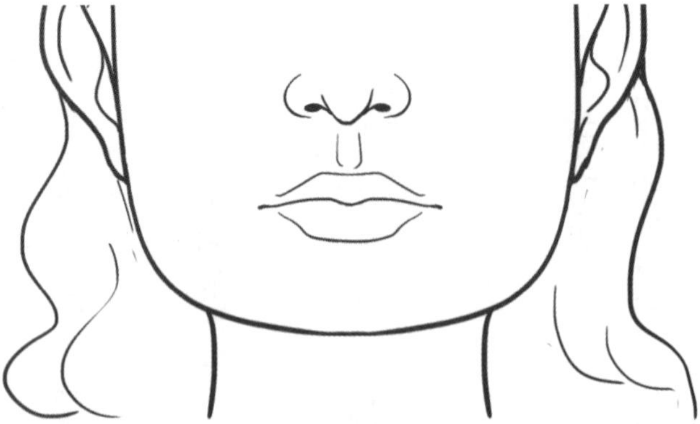

方下巴

方下巴一般晚年運程不差，其人亦能負起照顧家庭的責任。另外，女性有方下巴一般會比丈夫能幹，為助夫之相，又方下巴的人秘密性強，是一個可信的守密者。

圓下巴

圓下巴屬於享受型，主其人注重物慾享受，常會想盡一切辦法去滿足自己。又圓下巴的人特別注重家庭生活，對他們而言，最好能夠兒女成群，常常圍繞着自己。

事實上，圓下巴的晚年運程會遠比尖下巴為佳，亦較方下巴優勝，是一個懂得積累財富的人，故人不免較為自己着想，對社會之責任心不重。

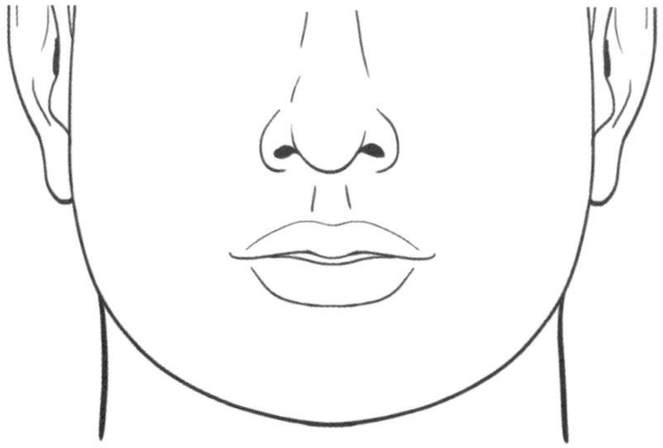

圓下巴

兜下巴

不論下巴尖、圓或方，兜下巴一定是一個好下巴，主晚年運勢強盛，不會潦倒街頭。又下巴為心臟，兜下巴者心臟強健，體力亦佳。

瀉下巴

下巴瀉即下巴向後退縮，如果沒有雙下巴的話，其人晚年運勢必差，身體毛病亦較多，因下巴瀉代表心臟血液循環不佳，如不多做運動調理，自然百病叢生。

另外，下巴瀉代表性格衝動，常常沒有周詳細想便魯莽行事，即使可幸獲得一時成功，

兜下巴

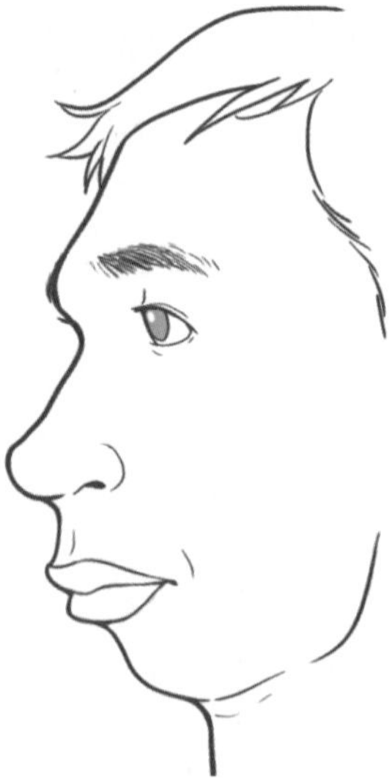
瀉下巴

最後亦容易因自己魯莽犯錯而把所得的成果破壞，最終導致失敗收場。

如下巴嚴重退縮，可能是由少年期間腦部發育不良所致，又此下巴晚年之家庭運亦難免不太理想。

雙下巴

很多略為肥胖的人，都是下巴後瀉，但是會有雙下巴承托。

雙下巴可以補救瀉下巴的不足，不單晚年運佳，且容易有一個美滿家庭，子女緣分亦佳，是一個不錯的下巴。

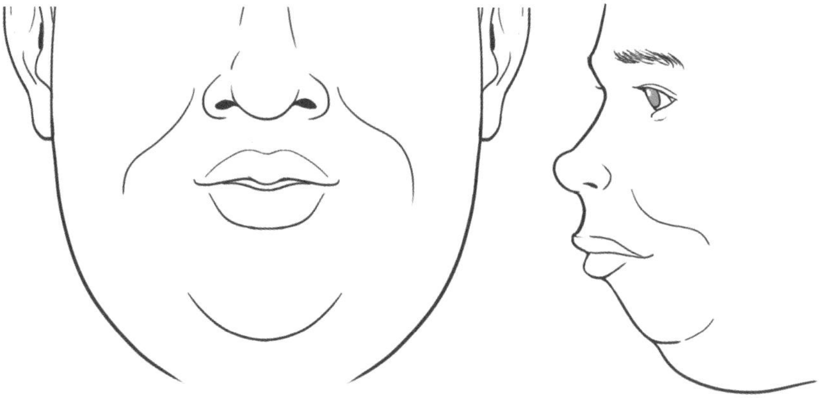

雙下巴

巫婆下巴

下巴尖兜而薄削，好像巫婆一樣，不能算是一個好的下巴，即使向前兜亦無用，因下巴代表動力，下巴薄削，代表其人動力不足，做事容易虎頭蛇尾。又下巴代表心臟，下巴薄削，心臟會較為衰弱，容易有貧血、血壓不定等毛病，宜後天多做運動，強化心臟。

下巴兜長而厚

下巴長而兜，長得像馬面一樣，是一個很好的下巴，因為下巴厚而兜的人，心

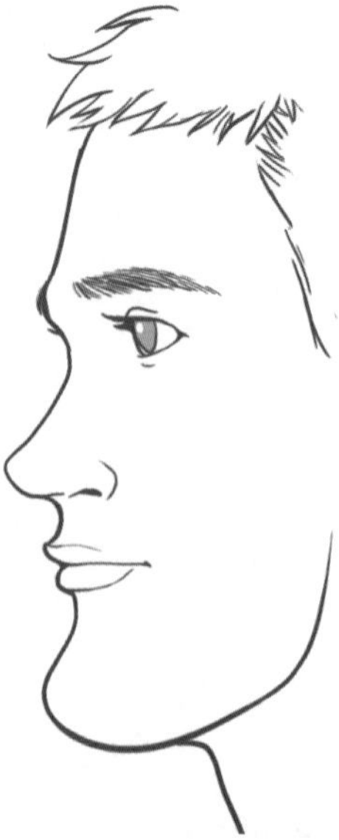

下巴兜長而厚

巫婆下巴

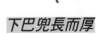

臟強健，體力佳，做事有持久耐力，故取得成功的機會一般較高。男性有此下巴，其人不免精力過於旺盛，人亦自然較為風流，但他們能負起照顧家庭的責任，子女緣分亦佳。女性有此下巴的話，重婚的機會較大。

杓子形下巴

杓子形下巴以中年男性較為多見，又這種下巴在歐美人士中所佔的比例，較東方人為多。

這種下巴一般代表事業運佳，人到中年仍充滿魅力，如把持不定，色情事件難免較多。不過，這類人的家庭觀念較重，愛好家庭生活，子女緣厚，晚年運佳。

杓子形下巴

下巴過闊，腮骨橫張

下巴腮骨位置橫伸，比整個面形還寬闊，中國人謂之「耳後見腮，反骨無情」，究其原因，主要是他們秘密性與破壞性強，但這與方面形的秘密性有所不同。

方面形的人在進行一件事情時，未成功前他是不會張揚的；而在選擇轉換工作時，他們會預先把事情交代好，然後可能要到走的那一天，同事們才知道。至於耳後見腮者，則會在離開崗位前把正在進行的計劃破壞或搗亂一番，這是兩者最大的不同之處。

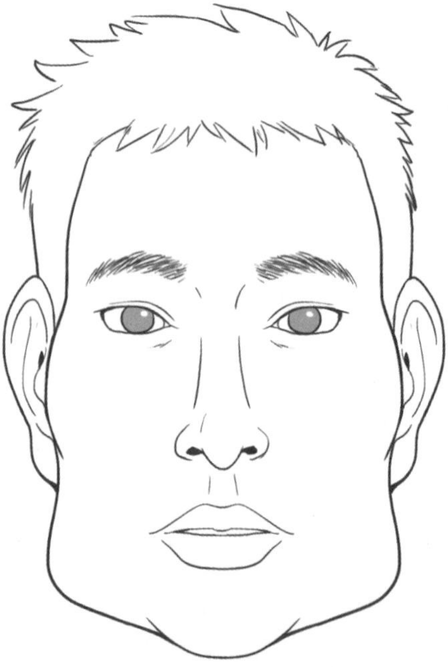

下巴過闊，腮骨橫張

另外，耳後見腮的人，四十九歲時容易有意外損傷，其次是三十九、二十九這些年歲。耳後見腮亦代表腮骨闊，這類人的下巴一般都是向前朝的，故晚年運不會太差。但因其人自私、小器，故縱有財富，內心仍常感不足，不是一個快樂的人。

下巴分開

下巴中間有凹坑，會令下巴分開左右兩邊；而下巴代表家，下巴左右分開代表有兩個家，意味着兩段姻緣又或者兩頭住家。

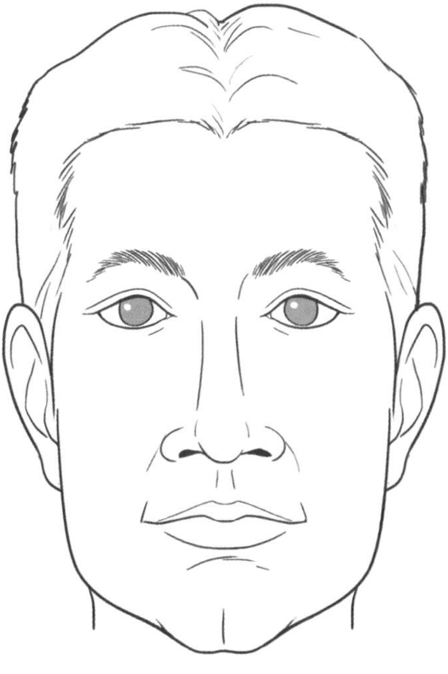

下巴分開

下巴長而前朝

下巴長而前朝的人，老來仍然活躍，難言退休。

下巴短而前朝

下巴短而前朝者，老來吉昌，能過悠閒的生活。

下巴歪斜

下巴歪斜，不論偏左、偏右，皆代表其人物質慾望不平衡，喜歡與別人比較，別人擁有的，自己也想擁有；如能力許可還好，能力不許可的話，會氣到自己內心不平衡、不愉快，產生「憎人富貴厭人貧」的心態，令自己更難過。

如發現自己下巴明顯邊大邊細，便要立刻檢討自己有否以上問題，如有的話，要盡量提醒自己，生活過得好就好了，不要與人相比。

另外，腮骨以較寬闊那邊運程較佳，左面代表三十歲前，右面代表三十歲後，故右邊腮骨闊比左邊腮骨闊為佳，至少代表晚年運程較佳。

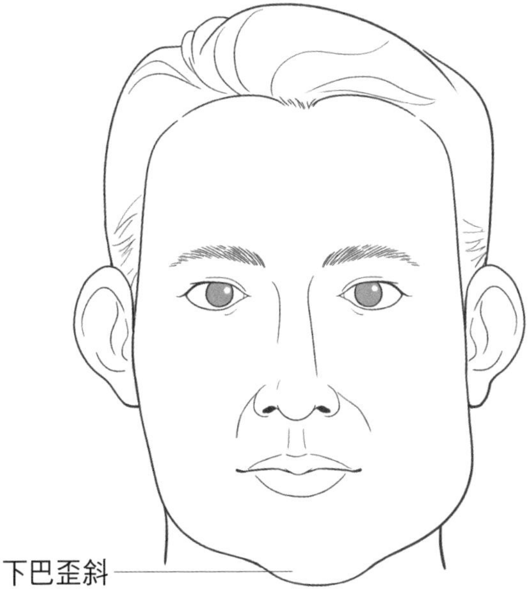

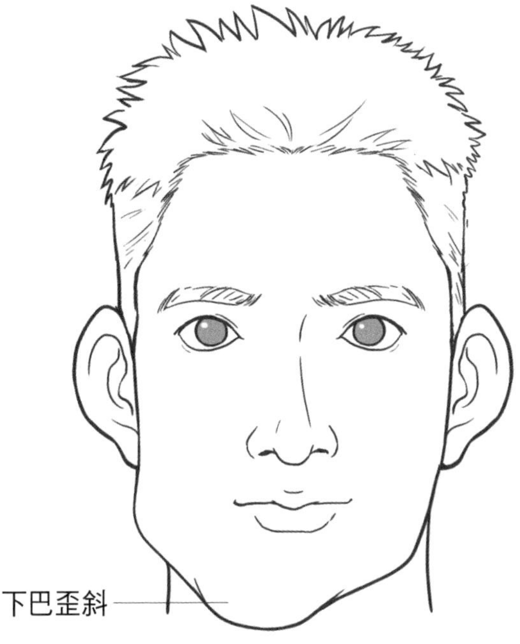

下巴有痣瘰

下巴代表家，下巴有痣瘰就好像家裏穿了一個洞一樣，代表家中有漏水之象，不管是窗戶滲水，抑或廁所漏水，總之所住居宅，常出現漏水之患。

下巴呈暗黑色

下巴呈暗黑色，代表家有水患，濕氣重，容易引致風濕之疾。

下巴現紅氣或暗瘡

下巴現紅氣或暗瘡，代表搬家或家裏有大型物件被搬動過，如梳化、睡牀等。

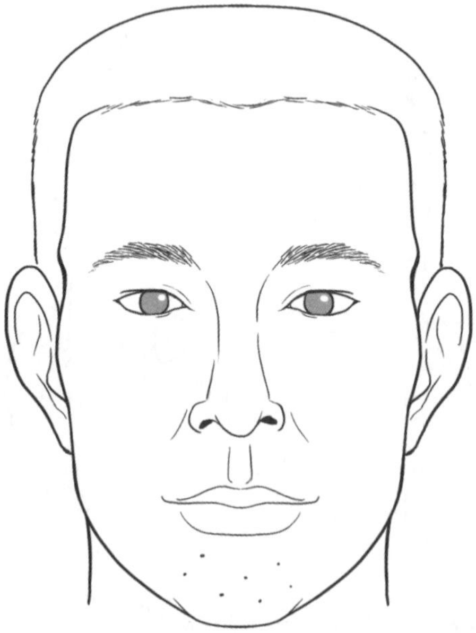

下巴有痣瘰

奴僕宮

奴僕宮飽脹

腮骨與地閣中間的位置，就是奴僕宮。奴僕宮以飽脹為佳，代表晚年有奴僕使喚，環境當然不會太差。

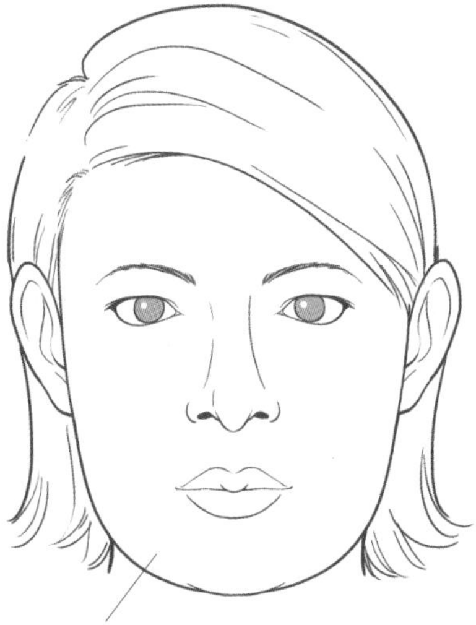

奴僕宮飽脹

腮骨横張有力，但奴僕宮凹陷

得此相者，儘管晚年運氣強盛，下屬亦常常不聽使喚，就算是家中的傭人亦會陽奉陰違。

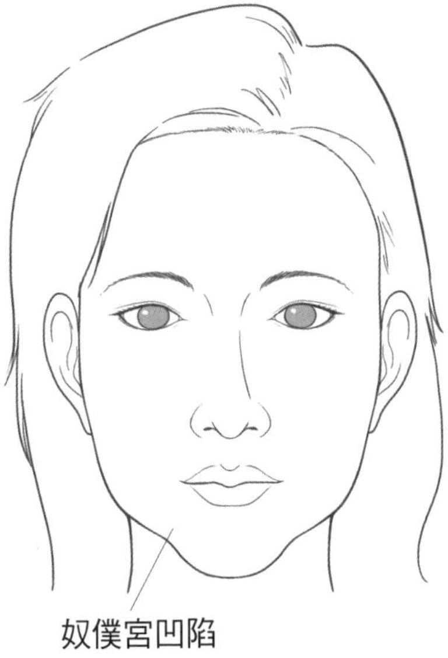

奴僕宮凹陷

無腮骨，奴僕宮又瘦陷

這類人不單止晚年難有奴僕使喚，而且子女運一般，三十歲以後要開始儲蓄，確保能安渡晚年。

第五章

雜論

雜論主要記載一些較冷門、較少人研究的部位，如毛髮、身相等，但這些只能作參考之用，因身相的研究對象不足，且胸、乳、下陰等部位，都不能大量統計，即使古書有記載，亦謬誤百出。但編寫這套書時，筆者還是想把資料放進來，好讓後進可以進一步研究。

【論髮】

髮乃血之餘，人生的富貴貧賤皆可由此斷矣。髮宜軟、宜幼、宜香。古書有云：「毛髮欲得密而細，短而潤，黑而光，秀而香，乃貴人也。」

反之，髮忌粗、濃、硬直，以及頭有穢氣，故有「髮粗如麻，貧苦多磨」之說，又有「髮繁多而氣臭者，迍滯而貧賤」之謂。

髮幼而軟

「髮軟如線，夫妻恩愛。」又頭髮柔軟而堅韌者，性格柔和，容易接受別人意見，脾氣亦較佳。

如夫妻同是頭髮柔軟的話，代表凡事有商有量，這樣衝突自然少。

髮幼而軟

髮粗而硬

髮粗而硬的人，硬頸固執，事事堅持己見，難於接受別人意見。父子如此，定必終日爭拗，嚴重者甚至反目，動手動腳；夫妻如此，則琴瑟必難和鳴，遇上不同看法時，兩人會各持己見，大大增加離婚的機會。

如父子、夫妻，甚至朋友，一方髮軟，一方髮硬，必然是髮軟的一方遷就對方，這樣雙方才有相處的可能。

髮粗硬而密

髮粗硬而密者，性必頑愚，粗魯而固執，

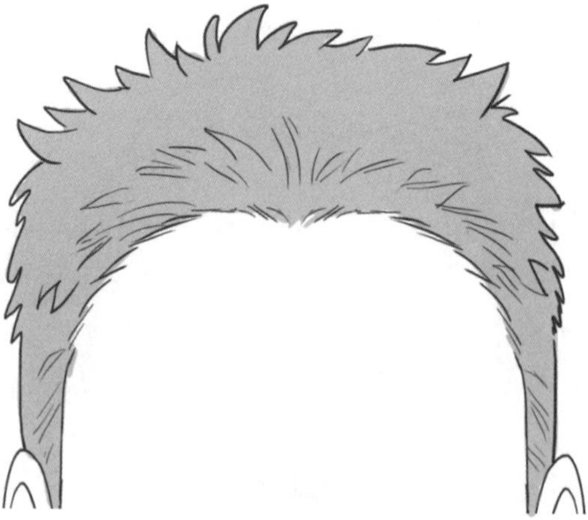

髮粗而硬

不是一個溫和的人，有時拗不過人還會大打出手，不是一個好父母、好伴侶，甚至連好情人也做不到。

如果前額沒有因年紀大而髮線向後移的話，代表其人即使已屆六、七十歲，其頑愚的本性還是沒有改善，所以時有聽聞一些七、八十歲的長者，會因一言不合而大打出手，此乃頭髮濃密之故。

事實上，很多上代移民美國的人都容易有此現象，可能上代思想保守，活動範圍不廣，一生從事一個行業，眼界不開，所以到老還是頑愚固執，覺得自己那一套才是對的，不願接受新看法、新世代。

髮粗硬而密

髮腳低

髮腳低者，一般固執，與父無緣，少年運差，早踏社會，即使能讀上大學，也要經過一番艱苦奮鬥，甚至半工讀來供養自己。

又髮腳左右即驛馬位置低的人，都不宜從事多走動的工作，而去外地公幹，更是苦差，即使去旅行也只能以三數天為限，一星期以上他便會思鄉。

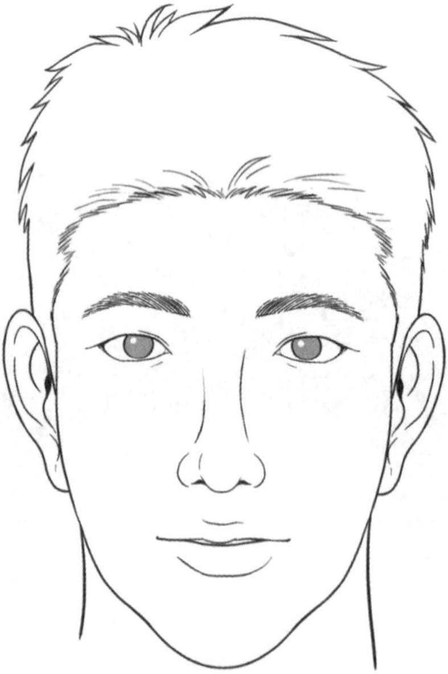

髮腳低

髮腳高

髮腳高不是指過高好像無頭髮一樣，而是指看上去髮腳明顯較高；如髮腳高加上額闊的話，整個少年運與學業運應該都不錯。

如左右額角高廣，其人適宜從事常要往外跑的工作，而旅行更是他的愛好，即使揹着背包去浪跡天涯也不會有思鄉病，是一個較容易適應環境轉變的人。

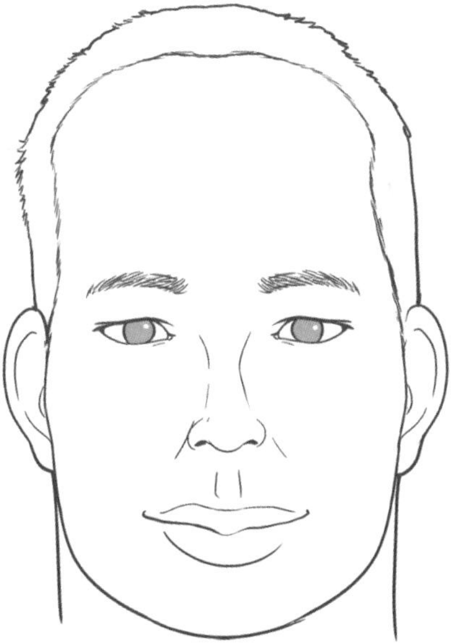

髮腳高

少年白髮

三十歲以前白髮，一般主父緣較薄，難以依靠。得此相者，即使聰明，但因遺傳因子不佳，體質不強，往往容易走歪路捷徑。

少年落髮

古謂「少年落髮，身體必差」，但因現代化學物質太多，三十歲前開始禿頭者大有人在，所以這跟遺傳不一定有直接關係，只是現代社會的趨勢如此而已。

前額開始脫髮

書云：「十個光頭九個富」，這理論是可以成立的，因前額脫髮多由左右兩邊額角開始，而左右額角代表分析能力。

喜歡動腦筋去分析的人，左右額角的頭髮都會漸漸脫落，故由前額的脫髮現象可知，其人愛分析、動腦筋，而且頭腦靈活，這當然是致富的一個重要條件。

地中海式脫髮

脫髮由前額開始，是好運的先兆；由頭中間開始，是壞運的先兆，但這只會影響近五年，以後便無影響，屆時參照面相吉凶去判斷就可以了。

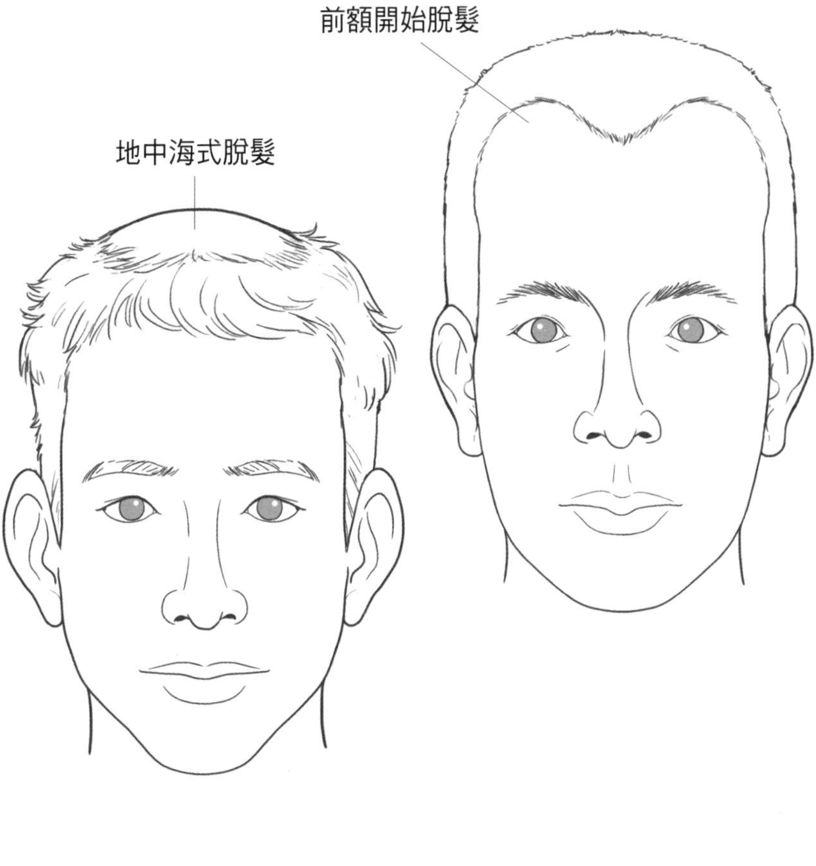

鬼剃頭式脫髮

鬼剃頭式脫髮，即頭髮突然一處或多處脫落，而脫落之處的大小，與一元至五元硬幣一樣。鬼剃頭是壞運之兆，代表其人處於極度焦慮不安的狀態，唯有待壞運過後，心情慢慢平伏下來，頭髮才會復生。

拳髮難理

拳髮者，「粗魯之輩」，如頭髮又粗又硬且帶鬈曲，難於梳理，則其人性格粗魯，硬頸固執，不是一個容易相處的人；但如果整個民族都是這樣的話，就不計算在內。

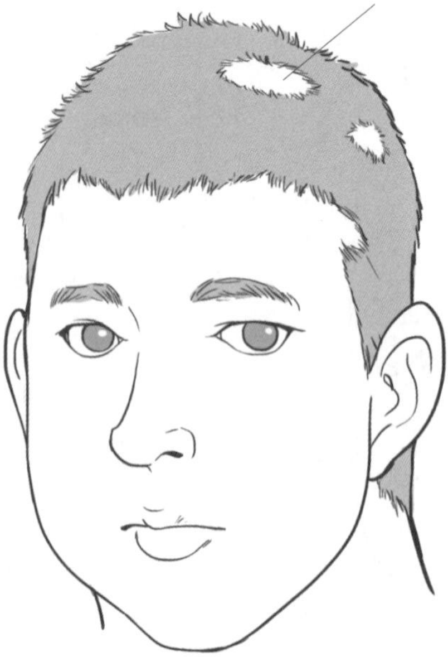

頭髮本來潤澤，但突然變得枯黃

頭髮突然由潤澤變枯黃，是大病先兆！如一向都是枯黃則男疾苦、女無夫助，同為辛苦之命，難為富貴之人，子女緣亦差。

濃眉髮厚人多蹇

濃眉、髮厚之人，本是辛苦運滯之輩，但如果髮濃、眉濃、鬚濃「三濃得配」，主發達遲、結婚遲、生仔遲。

髮疏、眉疏、鬚疏

髮、眉、鬚皆疏，為「三稀得配」，結果與三濃得配一樣。

頭髮柔韌

頭髮柔韌的人，血液循環好，體魄強健。

頭髮易斷

頭髮易斷者，血液循環不佳，五臟必有不良之處。

老年黑髮

這是精力仍然旺盛之徵，惟子女難靠，老年不免較為操勞。

頭有穢氣

即使剛清潔完頭髮，頭亦有穢（臭）氣者，為下賤之人，即使衣食豐足，但行為亦下賤——男粗魯、女橫蠻，不是一個容易相處的人。

古訣論髮

【鬢髮捷徑】

人之有髮。象山嶽之有草木。貴乎秀麗。不宜叢雜。故髮欲得疏而細。長而潤。黑而光。秀而香。乃貴人相也。若夫髮色黃者多刑剋。髮色赤者多災害。髮粗硬而短者性剛。髮繁多而氣臭者迍滯。髮短而如拳者。性剛而貧。髮最多者貧賤。髮際高者性和而壽。髮際低者。性愚而賤。頂高髮高。其性聰。是以耳邊無鬢心懷毒。毛髮硬磔如蝟毛者。為子為臣。必不忠不孝矣。夫髮者。血之餘也。心主血。若思慮勞傷心志。則血氣虛而髮早白也。是以顏子年十八而髮白。三十二而夭亡也。大抵髮欲潤澤而黑。不喜枯焦而濃。

訣曰。侵眉亂額。多見災厄。鬢髮粗疏。財食無餘。鬢髮亂燥。憂愁到老。頭小髮長。散走他鄉。髮黃而焦。不貧則夭。髮短如拳。立性剛強。或赤或白。必主貧賤。髮細潤澤。宜求官職。髮細如絲。榮貴之資。髮鬢亂生。狡詐人憎。髮中赤理。

必主兵死。額髮亂垂。妨母之宜。鬢髮不齊。剋害妻兒。髮稀而細。有名有利。髮粗如麻。貧苦多磨。女人拳髮。剋夫七八。男女髮黃。走遍他鄉。骨粗髮前。囊沒餘錢。

賦曰。髮屬心兮而為離。徵靈關之盈虧。髮喻草木秀麗兮。驗山嶽之珍奇。疏細光黑兮。多聰容而舉世共推。絲秀潤澤兮。應厚福而壽望期頤。硬如蝟兮。子不孝而臣欺。短似拳兮。秉性剛而狐疑。髮際高兮聰慧。髮際低兮身危。矻矻窮年兮。乃亂額而侵者。勞勞無壽兮。乃焦黃而赤絲。

【論髮】

人之有髮。象山嶽之有草木。草木茂盛。則山嶽蔽而不明。鬱而不清。故毛髮欲得密而細。短而潤。黑而光。秀而香。乃貴人之相也。若夫髮色黃者。多妨剋。髮色赤者多災害。髮粗硬而索者。性剛而孤獨。髮繁多而氣臭者。迍滯而貧賤。髮如蓬拳者。性狡而貧苦。髮際多者貧賤。髮際高者性和。項後髮高。其性僻毒。是以耳邊無鬢。心懷毒刃。侵眉亂額。多見災厄。鬢髮粗疏。財食無餘。鬢髮乾燥。憂愁至老（鬢髮細密。則血氣充滿。粗疏則血氣浮薄。滋潤則血氣旺。乾燥則血氣弱）。髮細潤澤。宜求官職。黑細如絲。榮貴之資。髮鬢亂生。狡詐人憎。髮中赤理。必主兵死。額髮亂垂。妨母之宜。鬢髮不齊。剋害妻兒。未及四十而髮白者。是謂血衰。乃性樂而命短矣。

【鬢髮相詩 五首】

髮疏光潤具天聰。秉性仁慈亦渾融。若得眉清兼目秀。何愁身不到穹宮。

光如黑漆細如絲。便是人間富貴姿。髮廣長垂尤邁俗。南形北相更矜奇。

頭小髮長性倔強。髮長額窄命難長。髮生到耳貧頑子。髮鬈如螺帶剋傷。

髮際穹窿錦繡心。低垂壓額不堪吟。貧愚且賤何須問。早喪高堂抱恨深。

髮長髮短是強豪。粗硬微黃一世勞。借問髮濃何訣斷。愚頑困苦帶悲號。

髮長稀秀。聰明超達之士。髮短粗黃。剛強孤苦之輩。

古訣論髮（二）

【髮】

柳莊論十貴。髮黑潤是一貴。又論十清。眉髮潤是一清。髮猶林木。太盛反蓊鬱不明。以細疏烏潤為貴。多則賤（婦人多。刑夫剋子。土型一多。不孤即夭。瘦人亦忌多）。濃則蹇（婦人濃。血旺好淫。小兒濃。剋父母）。長則貧勞（男長走他鄉。女長無善死）。短則凶孤。赤則妨親多厄（若髮中有赤理。則不死干戈。即死喉痧）。粗則防訟而貧（女人妨夫及子）。黃色尤忌。黃則貧苦奔走。女人刑夫好淫。髮際以適中為貴。高則多剋（額前髮少。幼多刑剋。女為火燄上炎。未嫁即寡）。性毒（髮太生上心毒）。命貧（額前光禿成敗）。低亦多剋（剋父母）。壽夭運滯。大抵濃禿皆愚。焦臭皆賤。拳亂密低枯濃皆蹇。鬈亂粗低赤黃皆剋。多不可短。少不可長。瘦不宜多。肥不宜少。少年落無子。老不落勞碌。少白壽短刑父母（左邊多妨父。右邊多妨母）。老烏壽長（白轉烏）。剋子孫。髮落財生。肉長髮落。皆為落得其時。若中年不發身不發財。而落頂者。退敗無壽（木型落髮即死。鬈髮際低幼無父而愚）。

【論鬚】

「鬍鬚」只是一個統稱，細分則唇上叫「髭」，耳下稱「髯」，下巴為「鬚」。鬚與髮一樣，都以潤澤為佳、乾枯為忌，但其實鬚之重要性遠比髮為低，加上現代留鬚的人不多，故吉凶比較難斷。又鬚雖主晚歲，惟晚境其實可從下巴的部位去判斷，而不用靠鬚去推斷。

鬍、髭、鬚部位圖

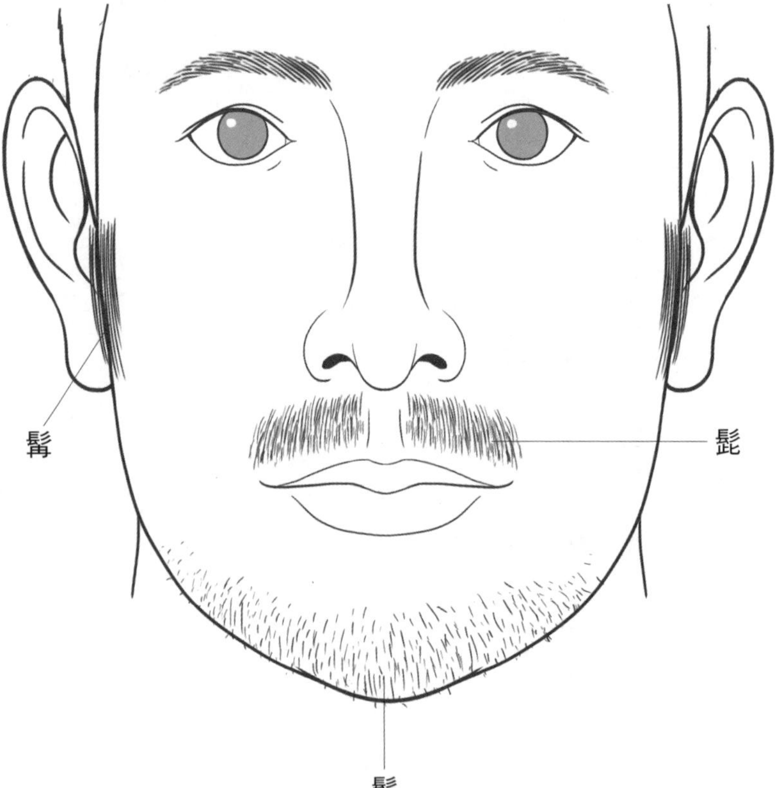

鬚之宜忌

鬚宜軟、宜潤，如此則晚運福壽綿長，子孫繁衍。

鬚忌硬、忌枯、忌密、忌無，主晚年困頓，作事顛倒。鬚硬而少，稱為「鐵線」，無妨；最忌又硬又密，如此晚歲必然辛苦而多勞。

鬚與五行型局

其實，鬚疏、鬚密也要配合個人形相——如外形威武，皮膚黝黑，鬚宜粗且多；面白為金型之格，必無鬚，鬚多反忌；木型面削之人，鬚必疏；水型面圓身肥之相，鬚幼而軟；火型人外形威武，必鬚多且硬；土型人頭圓身厚而面帶啡黃，鬚宜粗而潤澤、疏而有采。

鬚之十忌

輔鬚先長

唇上之髭與下巴之鬚皆不見，唯獨耳下之髯濃生，此乃衰弱之象，運程必弱。

人中無鬚

唯獨人中之處無鬚，為助人不得力，幫了別人也不會有人感謝，還在背後說是道非，另主錢財易聚易散。

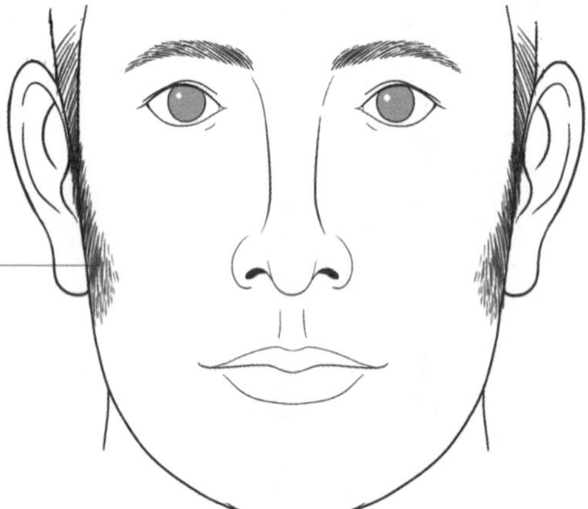

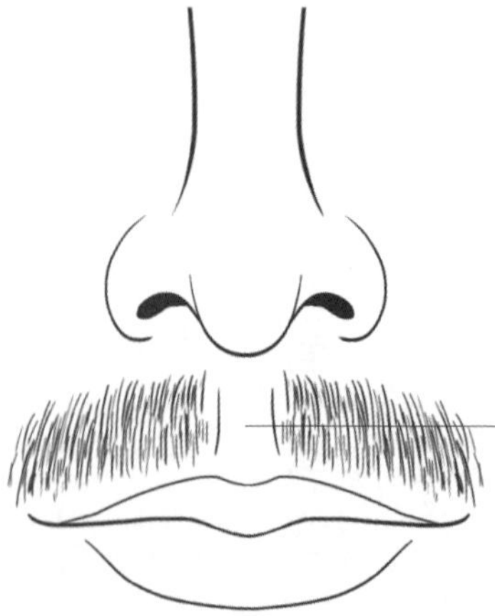

鼻毛接鬚

「有財不聚無他事，皆因倉庫有長槍」。長者為槍，短者為糧，鼻毛長而接鬚為槍，主破財。

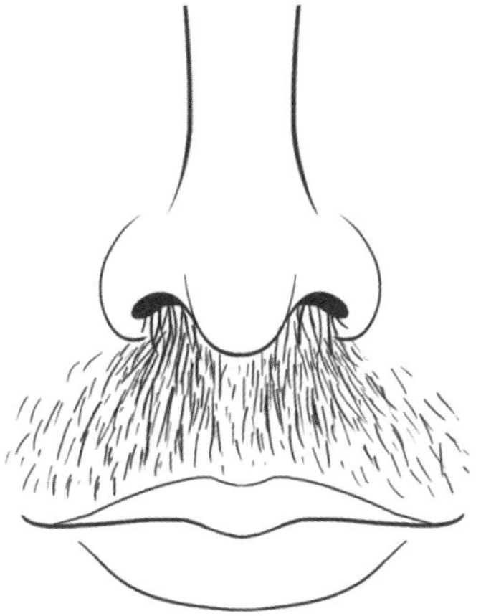

鼻毛接鬚

短髭遮口

「鬚宜貼肉疏疏出，最忌垂簾蓋下唇」，這樣主晚年孤憂貧寒，宜把髭剪短，讓唇線顯露出來。

短髭遮口

鬚多髭少

鬚多髭少者，晚年不免馳驅奔跑，不得清閒，為勞碌之相。

繁鬚鎖喉

鎖喉困頸，即鬚生到喉嚨下，主晚境貧寒。其實很多鬍鬚濃密的人都有此現象，故鬍鬚長得厚重的人不在此限。惟長得輕清秀逸的人，鬚髮本來柔軟而不多，故鬍鬚根本不會生至喉嚨。因此，繁鬚鎖喉以輕清之人為忌，厚重之人問題不大。

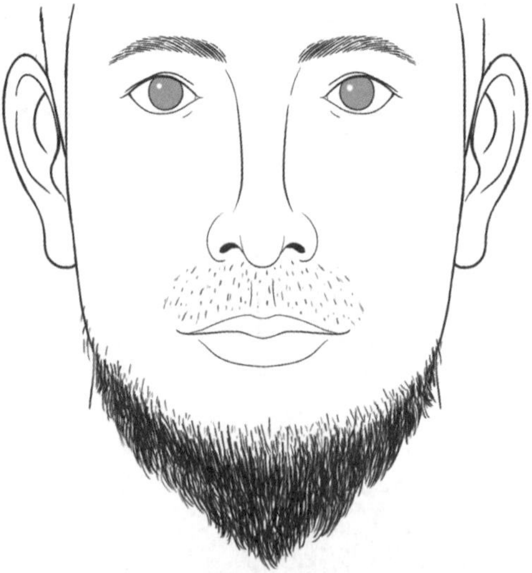

鬚多髭少

繁鬚鎖喉

鬚分燕尾

下巴為家，鬚為下巴之延續，故鬚分燕尾就像家庭破碎、夫妻各走異路一樣，唯恐晚年孤獨。

剛硬逆生

髫鬚剛硬逆生，鬚少無妨，鬚多則主其人性情粗暴，唯恐家庭不睦，朋友緣薄，此乃其性格所致。事實上，如其人能修身積德，收斂脾氣，鬚髮自然會得以改善，免於晚年孤獨。

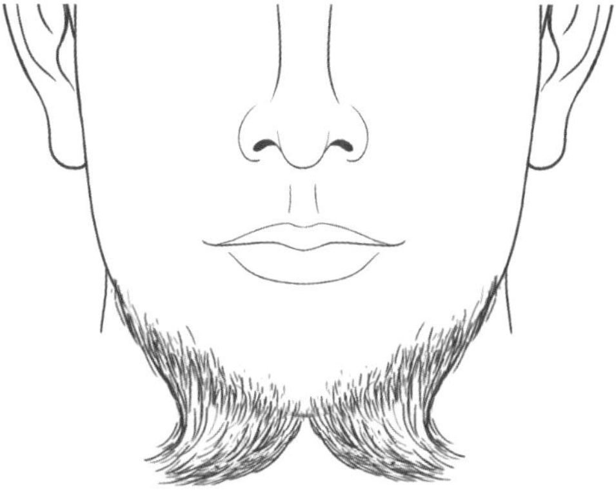

鬚分燕尾

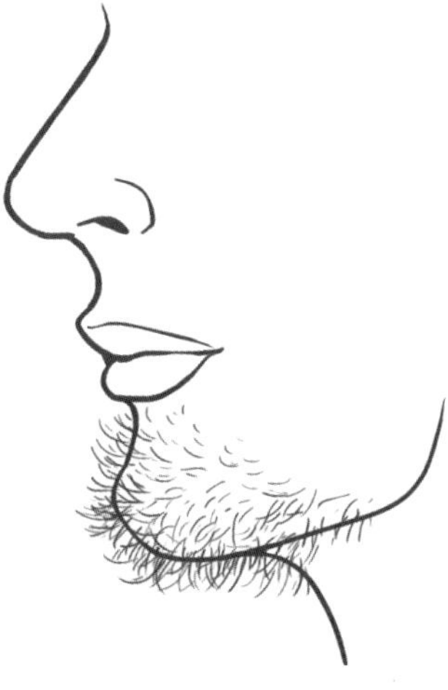

髫鬚剛硬逆生

黃如枯索

鬚與頭髮枯黃一樣，都是身體不佳之象，且鬚主晚年，代表晚年身體衰弱，運程不佳。

焦赤叢雜

焦赤叢雜，是指鬚帶赤色，而且生長雜亂，像亂草一樣。鬚帶赤，代表脾氣急躁，無忍耐力，每因小事而與人發生爭執；叢雜，則代表思緒不清。試想一個思緒不清而急躁的人，在待人處世時會怎樣？那當然會破壞自

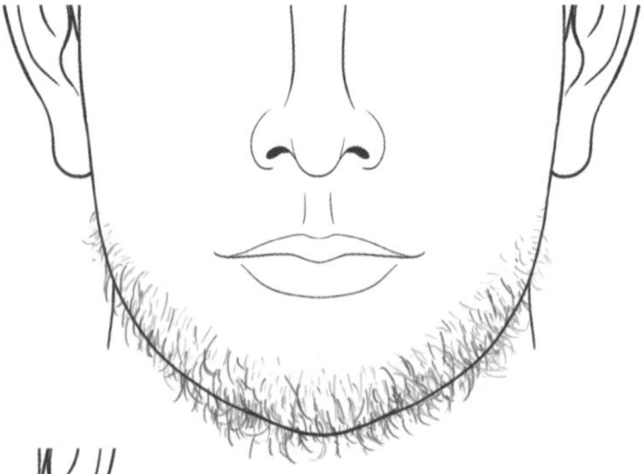

鬚黃如枯索

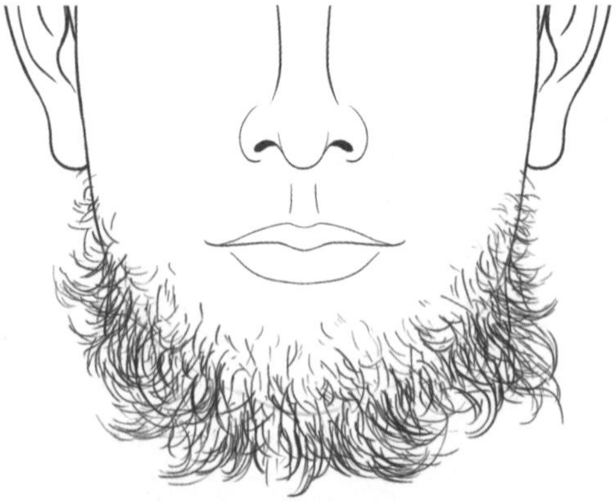

鬚帶赤色，且生長雜亂

己的努力和成就。即使青中年時期因一時之佳運，令事業達到不錯的境地，到最終也容易因自己性格上的缺陷而破壞了畢生成果。

留鬚訣

現代人留鬚者不多，如果真的要留的話，亦有其法，以免留錯不適合的鬚，對運程構成反效果，現列出數點作為參考。

井灶露

井灶即鼻孔，露則財洩，故宜留上唇的髭把井灶擋住，使其氣聚財聚；至於留髯或鬚，則無幫助。

井灶露

法令不明

法令不明的人，宜留上唇的髭，從而把法令的氣勢拉長，增強自己的號令。不過，只有下巴寬闊的人才可以使用此法，因下停寬大，才能把氣留住。

如下巴已經尖小，再把法令的氣勢延伸，這樣非但不能加強自己的號令，還會因法令之勢過強，而令下巴承托不住，引致口舌招尤，是非不絕，甚至因弄權而惹禍。

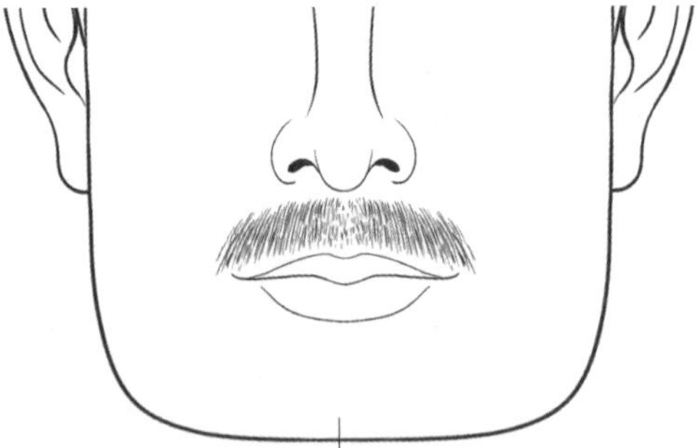

法令不明，下巴寬闊，
宜留上唇髭

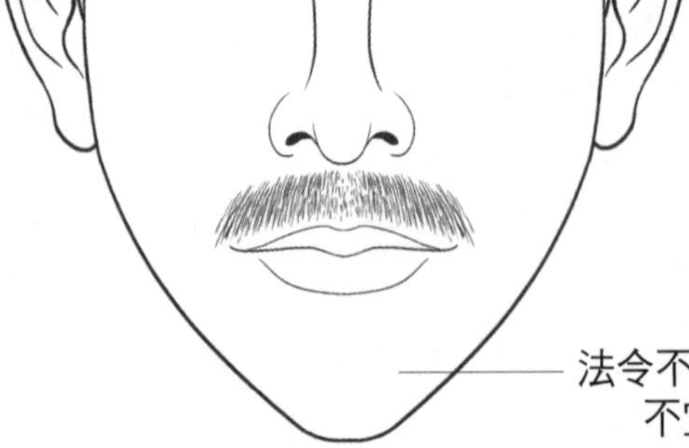

法令不明，下巴尖小，
不宜留上唇髭

虎耳不脹

耳下部位瘦陷者，晚運與子女運皆弱，宜在耳下虎耳位置留髯，使虎耳看起來飽滿一些，把氣留住。

地角不朝

下巴兜兜，晚境無憂，但如果下巴不兜的話，便要留下巴的鬍鬚，使下巴看起來像向前兜一樣，從而改善晚年運。

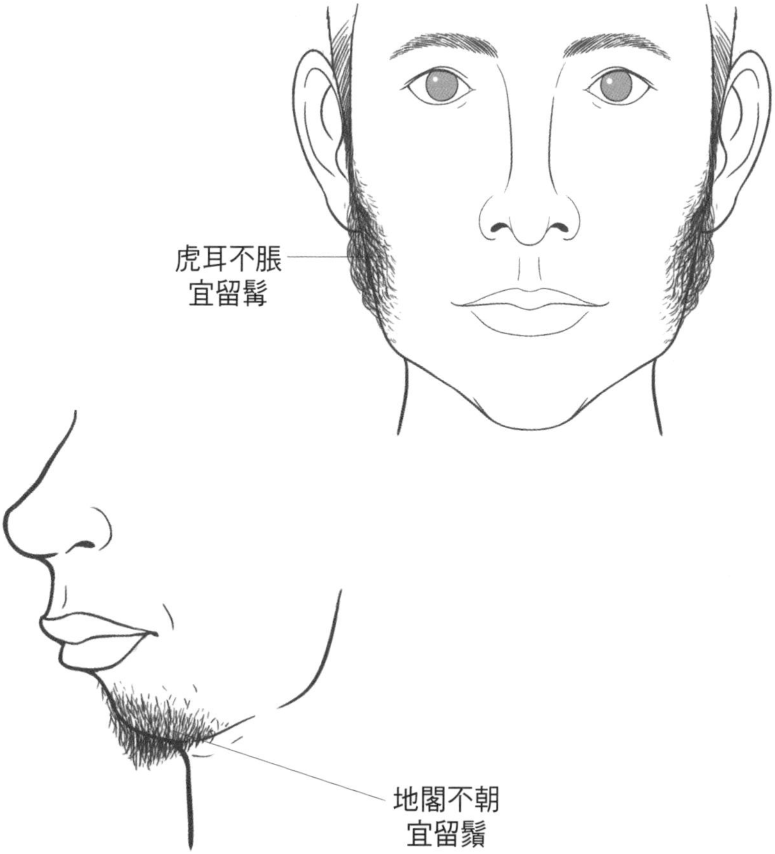

口角無稜

口角無稜，代表說話不夠技巧，容易說錯話得罪人而不自知，亦代表說話威權不夠，下屬不聽使喚。

得此相者，宜留上唇的髭，並將之修剪成上唇稜角分明一樣，從而加強自己的說話能力與權威性。

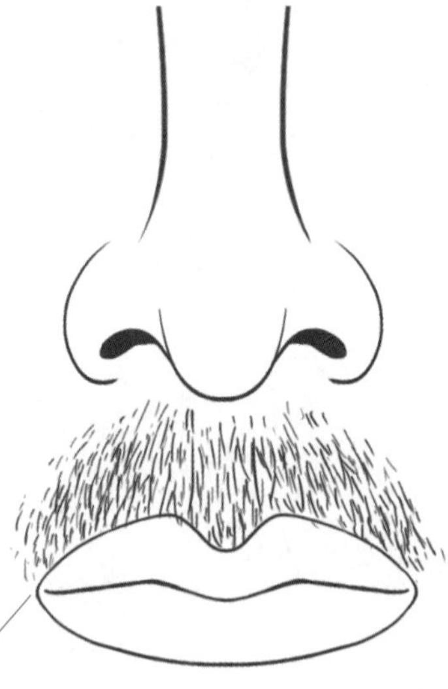

其他相法

困口鬚

鬚把整個口圍住叫「困口鬚」，代表晚年迍邅。

為官者，如見鬚密困口，必不能食祿，一般人則晚運不佳，宜把嘴角左右兩邊的鬚剪掉，從而改善困口的情況。

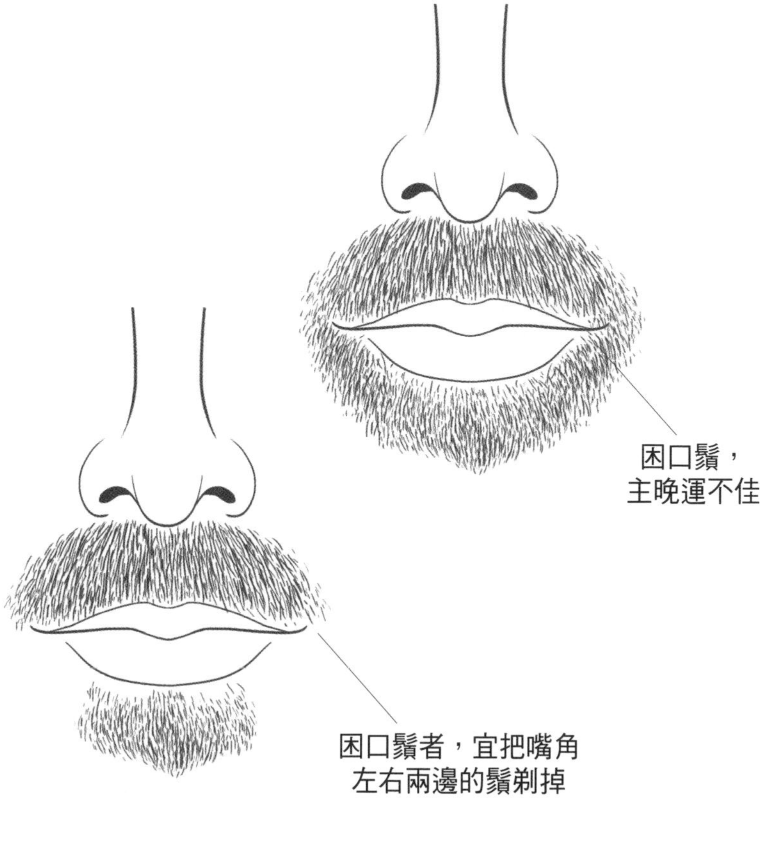
困口鬚，
主晚運不佳
困口鬚者，宜把嘴角
左右兩邊的鬚剃掉

女性生髭

很多女性的上唇都有生髭的情況，雖然大多較幼，顏色較淺，但這已足以彰顯其男子氣概，而女性體毛多亦然。

現代歐美女性體毛、汗毛都較濃密，可見其陽氣明顯較東方女性強。而陽為硬，陰為柔，這又是東西方所不同之處。

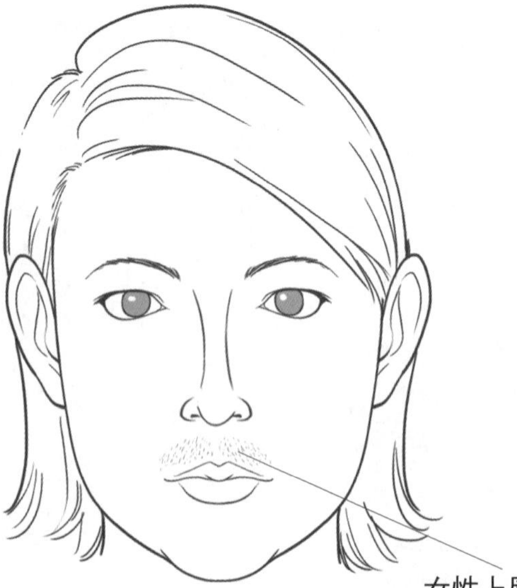

古訣論鬚（一）

【髭鬚捷徑】

夫髭鬚屬水。取其下流也。而相法中又謂之山林。取其根於土也。上唇生者為髭。下唇生者為鬚。頦頷上生者為髯。震兑上生者為鬍。又云。上唇為祿。下唇為官。訣云。只可有祿而無官。不可有官而無祿。有祿無官者。尚主富福。有官無祿者。定主孤貧。財散人離。縱有五官亦主貧寒。又云。髭鬚黑而秀清。富貴。滋潤者發福。乾燥者蹇滯。勁直者性剛不住財。柔者性柔卻住財。赤色者孤剋。拳者貧窮。髭不過唇。主為人費力。朋友無情。財帛耗散。子孫不得力。唇無鬚為一空。主孤刑。晚景貧寒。

訣曰。鬚長過腹。滿堂金玉。髭鬚秀清。終能成名。髭不蓋唇。難為六親。髭鬚枯乾。必受貧寒。髭鬚犯空。刑剋無窮。鬚赤而枯。不窮必孤。鬚如鐵條。好鬥性豪。

賦曰。夫髭鬚為山林兮。不宜土星薄而剋沖。鬚多而髭少兮。受困頓而走西東。髭不蓋唇兮。六親皆空。赤而枯燥兮。奔走貧窮。長而且清兮。定世間之英雄。髭鬚翳髯全兮。必報國之精忠。

【髭鬚相詩 五首】

配合髭鬚髮與眉。稀濃敵得任施為。三般不稱多辛苦。碌碌無成事可悲。

自古翳髯志氣雄。漢君封號美髯公。丈夫氣象長過乳。貌得龍形不可空。

髭清鬚秀起波紋。滿腹才儲定冠群。不佐朝廷光上國。也為草莽大封君。

髭鬚潤采有威權。虎視鷹覷立帝前。四瀆五官無配合。定為書吏詐人錢。

黃赤髭鬚作事差。壯時顛沛老來嗟。最怕翻朝神不足。性情乖忤毒如蛇。

髭鬚一空。有衣糧而子慮。髭鬚太密。得藝術而名芳。

古訣論鬚（二）

【論髭髯】

上為祿。下為官。寧可有祿而無官。莫教有官而無祿。有祿而無官。主富。有福。有壽。有官而無祿。貧賤。財散。人離。縱有五官。亦主貧寒。卻有壽。若官祿雙全。五福俱全之相。

鬚拳髮捲。可作貧窮之漢。則為弓兵。祇候死凶之相也。

【相髭鬚】

髭鬚黑而清秀者。貴而富。滋潤者發福。乾燥者蹇滯。勁直者性剛。不住財。柔者性柔。赤者孤剋。又曰。捲髮赤鬚。貧困路途。黑而光澤。富貴無虧。

古訣論鬚（三）

【鬢】

鬢不忌重。鬢重髮清。發達必早（反則勞苦）。鬢重鬚清。一生厚福（反則娼優隸卒）。亦以滋潤為福。故紺光則祿厚。黃疏則命蹇。又可以輔顴。無鬢者雖有顴而無權。閉命門者雖有顴而無氣。故相顴不可無鬢。又可以覘人心性。耳無鬢則心毒。過命門則智慈。故擇交亦可觀鬢。不獨司一面之丰采也。

【毛】

賤人身上無毛。軟長者吉。粗短者凶。惟額不可生（刑妻剋母）。背不可長（窮勞）。耳有毛。壽高（眉有毛必壽。要在四十時生方好）。面無毛（窮勞）。乳有毛。則子貴（三根細軟方貴。粗亂亦孤）。腹無毛。則空勞（大者無毛。到老皆空。腹小則不忌）。腿生則福厚子孝。足有則家富職高。至於金線纏陰（長尺八。色黃。拳於陰上。用手扯開。其長過膝。手放則復拳。惟性多淫。若色不黃而黑。則刑殺極多）。亦主大貴（無毛賤）。

【鬚】

上唇曰祿。下唇為官。又名鬚。頦生曰髯。震兑生曰鬍。少年富貴在眉（眉密當家早）。老年福壽在鬚（鬚黃發達遲）。譬如滿月之面（大貴）。鬚若鎖喉。敗家惡死。又假若白麻之面（白麻子。粉面孔夭）。鬚若紫髯。祿厚壽高。鬚之關係可知矣。滋潤則發。枯暗則敗。並不在多（但多而清秀亦發。疏而細黃仍敗）。依稀見肉為貴。長忌飄搖（到老百空）。短忌鎖喉。宜與鼻配（鼻薄忌多。滯敗之相）。宜與鬢衡（鬢輕則忌鬚重）。祿堂萬不可困（平人到此無運。為官到此無官。何謂祿堂。曰下唇。木型以水為生。困則多敗多病）。人中是不可空（空多主勞）。有祿無官尚榮。有官無祿則敗（財散人離）。燕尾。羊髯。插鬢。鎖喉。色黃赤。皆妨子。開叉蓬亂。枯黃。鎖口。困喉。皆蹇滯。井灶薄。鼻孔露。人中促。上唇薄。當門齒缺。地閣不朝。皆宜早留鬚。但眉散鬢禿。雖有美髯亦孤。偏左畏婦。

【論頸】

肥人頸短，瘦人頸長，此乃一定之理，然亦有反常理者，如人瘦頸短，人肥頸長，但此非吉相也。

又頸要有力，頸無力則夭，否則亦身體欠佳，一生依人作嫁。此外，頭大頸粗，頭細頸幼亦屬正常。

頸相細論

人肥頸短

人肥頸粗而短，這是正常的，沒有吉凶可言。

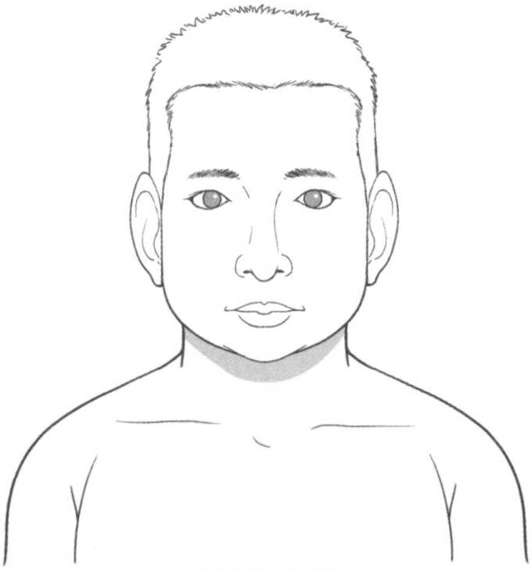

人肥頸短

人肥頸長

頸為天柱，人肥頸長，是為凶相，不貧則夭，否則身體差，即使有財富亦難以承受，為無福之人。

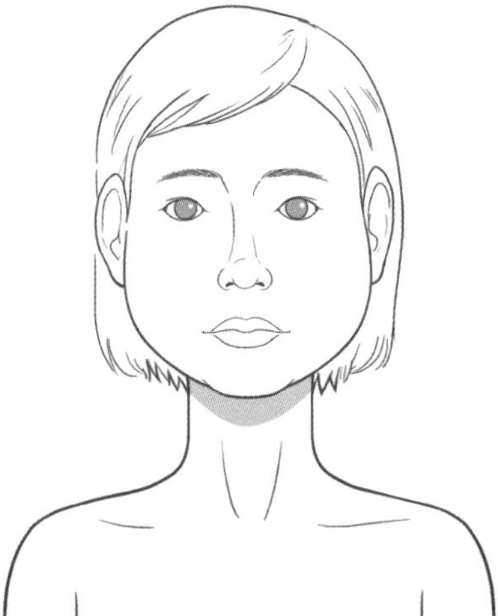

人肥頸長

人肥頸幼

人肥頸肥，人瘦頸小，一切要合乎比例。如人肥頸瘦，唯恐頸部無力支撐，為不壽之相，身體亦大多不甚壯健。

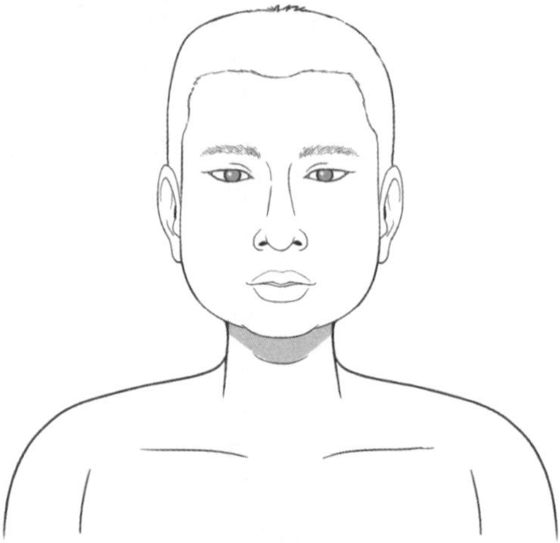

人肥頸幼

人瘦頸長

此為正常比例，無吉凶可言，非此者，才有問題。

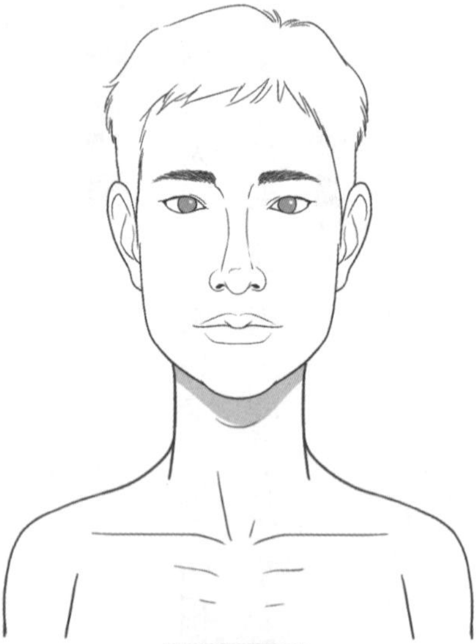

人瘦頸長

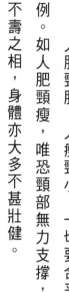

人瘦頸短

此為貧賤之相，主一生勞碌，而女命則婚姻不佳，夫星難靠，一婚再婚亦難以圓滿。

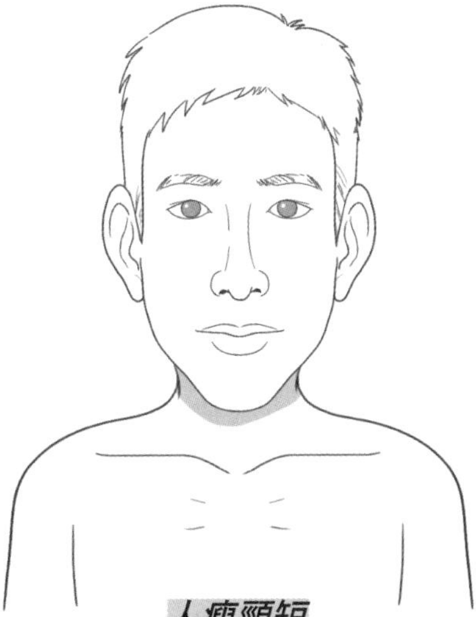

人瘦頸短

人瘦頸極長

頸為天柱，過長無力者，身體必差，肥人最為不利，惟瘦人亦不是一個好的配合，主體弱多病，亦多不壽，為不貧則夭之相。

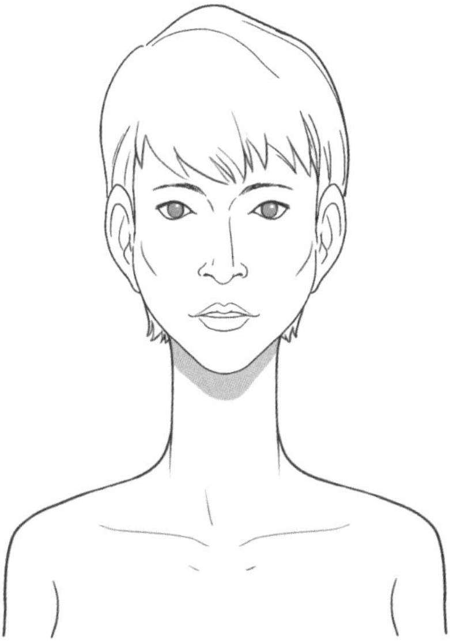

人瘦頸極長

人瘦頸粗

人瘦頸粗者，體力必佳，即使頭部受猛烈撞擊，也不會輕易倒地，是一個身體強健的人，從事體力工作必能夠勝任有餘。

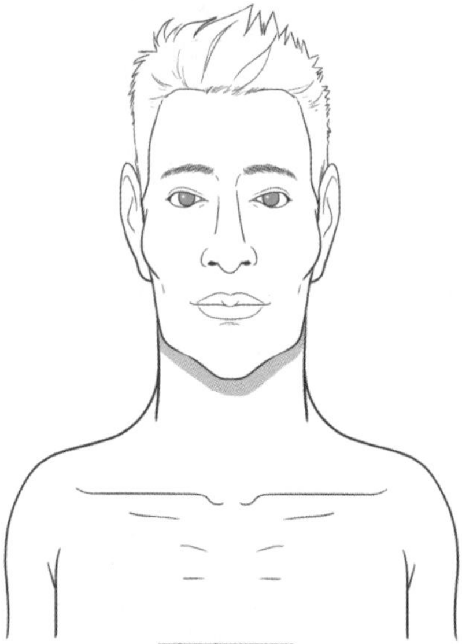

人瘦頸粗

頭大頸長身又細

得此相者，即使智力有過人之處，惟體力、心力難以配合，久後身體必差，青年以後不免逐漸衰退，無以為繼。

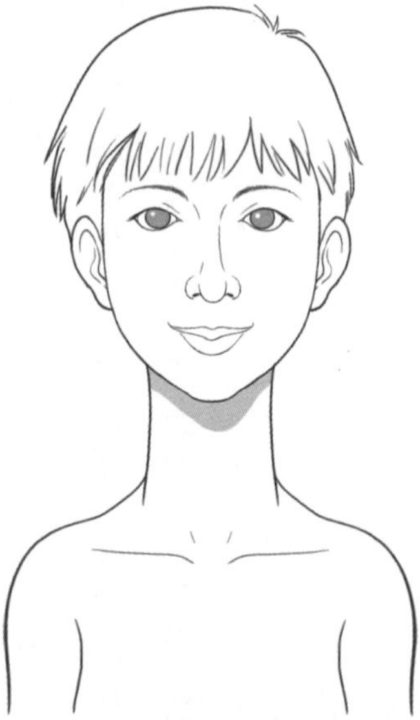

頭大頸長而身細

頸後有痣瘻

筆者從事高級髮型師多年，看見很多女性客戶的頸後都有痣瘻，從而可以推斷，女性頸後有痣瘻，入於富格，最少能享中人之福。

頸前有痣瘻

頸前的痣瘻，書云吊頸瘻，惟不可盡信。頸前有瘻雖不多見，但見之亦看不見有異樣，且現代社會亦不流行吊頸。如見頸前有瘻，可推斷其人有自殺傾向，但還需參看其人是否雙目無神、腮骨瘦削、雙掌窄長、頭腦線下垂、拇指長大，才可以判斷。

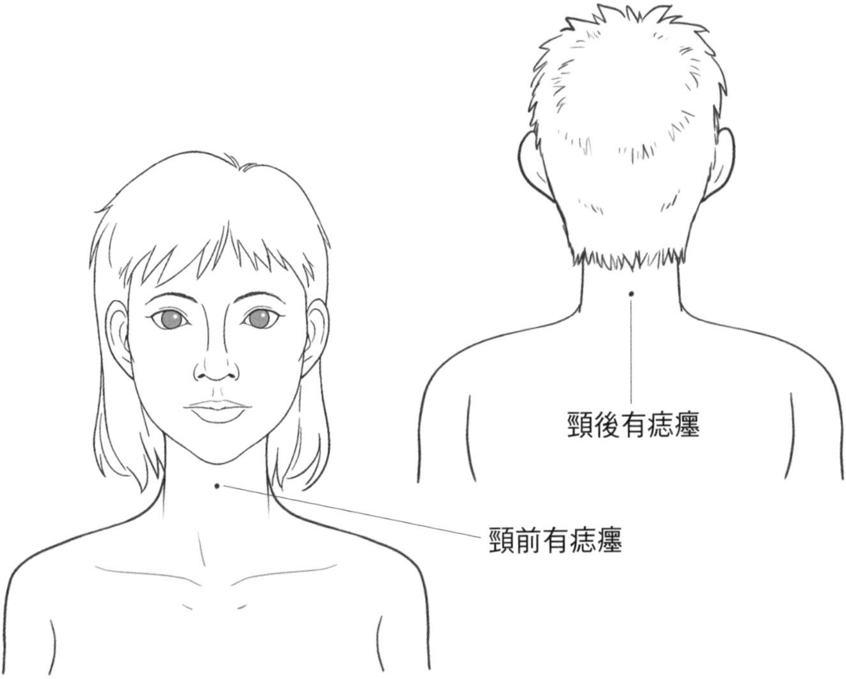

古訣論頸（一）

【頸項捷徑】

夫頸項者。上扶一首之謂棟。下扶四體之謂樑。高然峙立。又謂之天柱。故方隆光潤者大貴。豐圓堅實者大富。側而小細而弱者。非棟樑之材也。肥人項欲短。瘦人項欲長。反此者。不貧則夭。長如鵝。短如豕。皆不令之相也。項有結喉者貧滯。瘦而結喉者迍邅。肥人結喉者多招橫禍。項後豐起者少災富厚。項後有皮如絛者上壽。短而方者福祿。細而長者貧賤。頸梟而斜曲者。性弱貧苦。項斑而不潔淨者。性鄙多滯。頸勢前臨者。性和而吉。頸勢偃後者。性虐而凶。頸立端直者。性正多福。薄側如馬頸者妨害。圓疊如衣袖者富壽。圓粗如虎頸者。善而福薄。曲如蛇頸者。毒而貧賤。長如鶴頸者清貧。圓肥如燕頷者高貴。項弱不勝者。貧下而短命。項立相應面者。清貴而吉。

訣曰。項有餘皮。足食豐衣。頭大項小。幼年必夭。項白過面。衣食豐盈。項有結喉。敗走他州。肥人結喉。壽命難留。又云。瘦人結喉猶自可。肥人結喉遭枷鎖。喉嚨方者貴。喉嚨圓者富。喉嚨扁大者。多食貧賤。項下豐起者。主富厚福。項有皮絛者。上壽之相也。天柱者。頸項之骨也。喉項一結。人多歇滅。結至三四。財難親絕。

賦曰。頸項作一身之棟樑兮。故欲方圓而堅實。項立直而方兮。應受天朝之恩秩。瘦如鶴頸兮。定躍禹門於指日。項白過面兮。也作廊廟之良弼。細小兮貧且勞。側弱兮夭可必。項有餘皮如絛兮。享遐齡而迪吉。項若豐厚能圓兮。履榮華而閒逸。頭小頸長兮。多營求於藝術。項小頭大兮。常沉痾而夭卒。

【頸項相詩 五首】

肥人頸短瘦人長。自得聲名播四方。項小應知年壽促。縱然富室莫商量。

頸項方圓富貴姿。平生都是好行為。待人慷慨居心正。總把陰功作福基。

棟樑不正性情偏。落泊無依在晚年。鄙吝經營休問福。須知富壽兩難全。

蛇頸端然是小人。可憐一世志難伸。相逢富者低頭諂。側立殷勤笑語親。

身長頸短不為高。鳥羽焉能作鳳毛。白鏹盈箱空富有。如何在世逞雄豪。
瘦人頸短多災禍。肥人項長有困窮。

古訣論頸（二）

【項】

項為天柱。故能定壽。又為一身之主。故可定祿。瘦宜長。女亦宜長。面長者亦宜長。否則刑子。身長者亦宜長。否則無壽。惟肥宜短（長夭）。隆者貴。方者富。色白者榮。光潤者發（斑雜窮蹇）。皮餘者壽（項不勝頸。天柱傾頹。項下骨節。皆無壽）。斜則貧。曲則毒。一忌結喉（肥橫死外鄉。瘦多蹇難。女則刑夫剋子）。二忌肉堆（項前後有髮肉高堆凶死）。筋露惟暴。喉露性急。勢若前臨者吉。後偃者凶。項皮乾枯。少年窮。老來死。

【論肩背】

肩的相學意義

男性肩宜平，女性肩宜斜，肩平厚者，做事有成，削薄者，無承擔，難成大事。

現代女性，尤其是從事模特兒行業者，大多平肩。平肩之女性，如頸項不是太短的話，亦是一個有能力之人，但不免奔波勞碌，夫星無助，故女性肩宜斜，謂之「美人肩」，古代宮闈侍女都是斜肩，平膊的女性難入宮闈。現代女性肩斜，代表能享丈夫的福蔭，故平肩、斜肩，孰優孰劣，因各人追求而異，只要不是薄、削、斜便好。

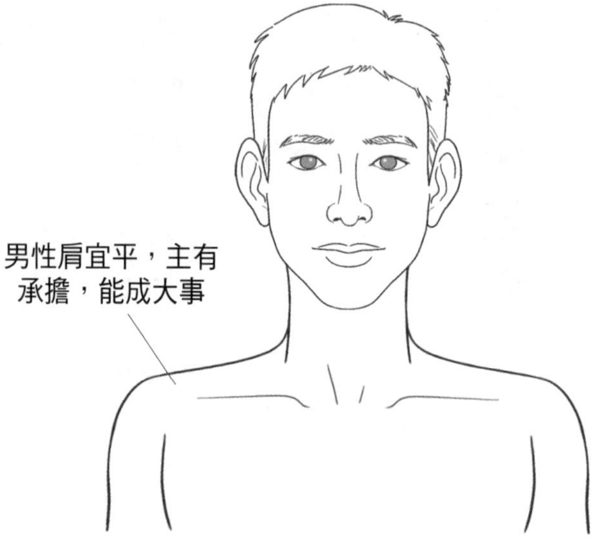
男性肩宜平，主有承擔，能成大事

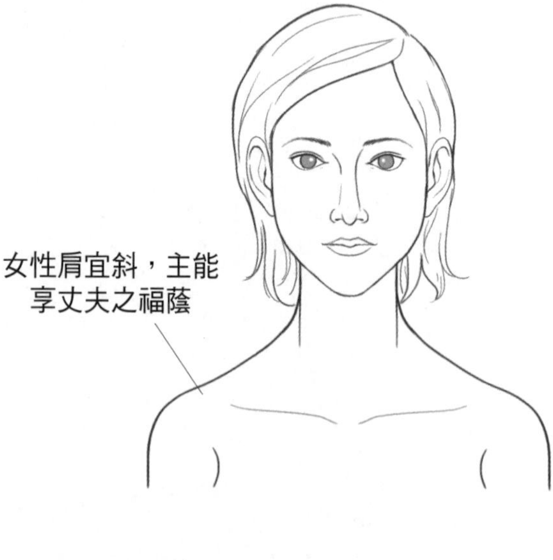
女性肩宜斜，主能享丈夫之福蔭

背之相學意義

不論男女，背皆宜厚，有肉而不露骨，又背脊露骨與肥瘦無直接關係，不是肥人骨藏而瘦人骨露，去沙灘、浴場觀察一下，便知真相。

人不論肥瘦，骨露代表少年辛苦無成，難以顯達，尤其人肥骨露，比人瘦露骨更差。又背主早年（四十歲前），腰主中年（四十歲後），臀主晚境（六十歲後），故背、腰與臀三者同樣重要，只是主宰的年歲不同而已。

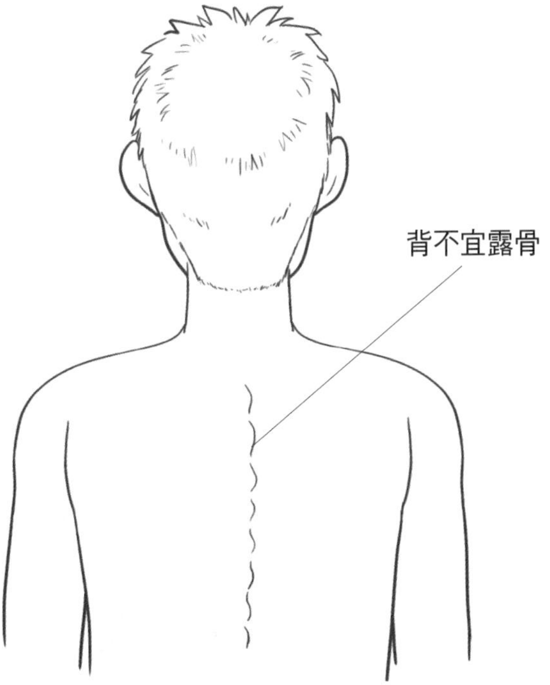

古訣論肩背（一）

【論背】

夫背之為質。觀其厚薄也。一身所恃之安危。詳其豐陷也。百歲可定之貧富。故平闊而豐者。一生少災而福。偏狹而陷者。一世多厄而貧。有骨隆然而起。如伏龜狀者。二千石祿。背三甲成者。貴而壽。豐厚凸起者。福多子孫。斜薄窪下者。貧寒孤獨。方而長者。有智而福。偃而短者。無識而賤。圓厚如團扇者主貴。窪深如溝渠者至貧。前見似仰。而後見似俯而前者。不貴則富矣。

【相背篇】

背欲長不欲短。欲厚不欲薄。坑陷者貧賤之人。平闊豐厚。則安於一身矣。背如有負（袁天罡相馬周。曰馬君背若有負。貴驗也。後至宰相。背行隆起。如負物在背也）。豐厚凸起。主後福。又云。多子孫。偏薄則貧夭。

詩曰 背脊豐隆福自堅。莫教偏薄損長年。
不知三甲如何說。借問先生覓正傳（三甲者疊字也）。

古訣論肩背（二）

【背肩臂膊捷徑】

夫背者庇也。庇護於子孫也。肩者。堅也。堅厚於一身也。故峙聳其後。有三山三甲之名。欲其巍峨而峻。豐厚而立。斯為背肩之美矣。尤必觀其厚薄。詳其豐陷。以審其安危。可定貧富壽夭。豐厚隆起者富貴。薄陷者貧夭。背後有骨隆然而起如伏龜者。食祿二千石。背如負物者大貴。前見如仰。後見如俯。不貴則富。豐厚凸起者福祿。偏薄斜側者貧夭。平闊者多福少災。見骨成坑者。多厄而貧。三甲成者。貴而壽。方且長者。智而富。短而削薄而寒者貧賤。如團扇者至貴。窪深如溝渠者至貧。肩削肩寒者貧賤。又臂號龍骨。肘為虎骨。上壯下細。上長下短者。龍吞虎。貴也。

下壯上細。下長上短者。虎吞龍。賤也。肩膊肥厚者富貴。蹇削小者貧賤。與背膊相稱者。自然福祿。

訣曰。肩闊背厚。富足三代。膊厚而肥。富有之姿。背聳三山。富貴清閒。背有三甲。終久必發。背脊成坑。勞苦艱難。背狹肩削。一生貧薄。鳶肩雀腹。室家不足。臂厚膊肥。千頃無疑。

賦曰。背聳峙後兮。徵福澤之有無。號為三甲兮。作一身之匡扶。長闊兮身登宦途。豐厚兮坐享田湖。肩削背虧矣。實愚頑之鄙夫。背陷肩寒兮。乃囊空而腸枯。背若屏風兮。蔭妻子而有謀謨。肩若寒極兮。終刑傷而挾萵蘆。膊肥兮。席豐履厚永榮敷。臂厚兮。家肥屋潤志不殊。

【背肩臂膊詩　五首】

背脊豐隆福自堅。莫教薄小損天年。宛如貝字真豪富。姬妾成行門色妍。

背平膊厚富盈餘。肥馬輕裘總自如。形體差池神不足。名為鄉願果無虛。

背聳三山臂膊肥。家藏鏹寶任施為。有胸有腹成壬甲。要得高官雨露滋。
為何艱苦為何忙。背脊成坑不自量。此是前生窮種子。可憐今世一空囊。
為人只怕背肩寒。寒了背肩事事難。經濟才高焉用世。吟風弄月把琴彈。
背脊成坑。終勞於賤役。臂膊豐厚。受福於強年。

古訣論肩背（三）

肩所以覘人之肩荷。格要平厚。削則賤。寒則刑（無子）。塌則諸事無成。若得面方肩闊。萬事亨通。倘或肩闊臀尖。終無結果。蓋有女子無肩。得老受榮昌者。未有男子無肩。而老不貧寒者也。蓋有左肩高。得平地起樓台者。未有右肩高。而不大苦者也。

背所以定一生之福德。格要豐隆。有三甲者非富即貴。前見如仰。後見如俯者尤貴。露骨。則多病。而又劫財。坑陷。則多災。而又貧夭。水土二型。背尤宜高。木亦要平。女人之貴。正在眉目肩背。愈當背厚肩圓。

相學全集 三

作者

蘇民峰

編輯

吳惠芳

美術統籌

Amelia Loh

美術設計

Charlotte Chau

插圖

August Boy

出版者

圓方出版社

香港北角英皇道 499 號北角工業大廈 18 樓

營銷部電話：(852) 2138 7961

電話：2138 7998

傳真：2597 4003

電郵：marketing@formspub.com

網址：http://www.formspub.com

http://www.facebook.com/formspub

發行者

香港聯合書刊物流有限公司

香港新界大埔汀麗路 36 號

中華商務印刷大廈 3 字樓

電話：2150 2100

傳真：2407 3062

電郵：info@suplogistics.com.hk

亨泰印刷公司

香港柴灣利眾街 27 號德景工業大廈 10 樓

出版日期

二O一四年七月第一次印刷

ISBN 978-988-8295-05-0

Published in Hong Kong

- 解構香港地標性商廈的風水外局，破釋其收財納運之法；
- 剖析填海、動土、地勢對城市及商業風水之意義和影響；
- 論述觀址選鋪的法則，助你成於始、立於本；
- 細釋行業風水的布局之法，教你巧置一店一室一房之局；
- 附設八宅、九宮飛星等理氣理論，佐以流年旺運布局。

歡迎加入圓方出版社「正玄會」

登記成為「正玄會」會員
• 可收到最新的玄學新書資訊 •
• 書展"驚喜電郵"優惠 * •
• 可優先參與圓方出版社舉辦之玄學研討會及教學課程 •
• 每月均抽出十位幸運會員，可獲精選書籍或禮品 •
* 幸運會員將會收到驚喜電郵，於書展期間享有額外購書優惠

• 您喜歡哪類玄學題材？(可選多於 1 項)
□風水 □命理 □相學 □醫卜 □星座 □佛學 □其他 ______
• 您對哪類玄學題材感興趣，而坊間未有出版品提供，請説明：
______
• 此書吸引你的原因是？(可選多於 1 項)
□興趣 □內容豐富 □封面吸引 □工作或生活需要
□作者因素 □價錢相宜 □其他______
• 您從何途徑擁有此書？
□書展 □報攤 / 便利店 □書店 (請列明：______)
□朋友贈予 □購物贈品 □其他 ______
• 您覺得此書的價格：
□偏高 □適中 □因為喜歡，價錢不拘
• 除玄學書外，您喜歡閱讀哪類書籍？(可選多於 1 項)
□食譜 □旅遊 □**心靈勵志** □**健康美容** □語言學習 □小説
□兒童圖書 □**家庭教育** □**商業創富** □文學 □**宗教**
□其他______

姓名：______ □男 / □女 □單身 / □已婚
聯絡電話：______ 電郵：______
地址：______
年齡：□ 20 歲或以下 □ 21-30 歲 □ 31-45 歲 □ 46 歲或以上
職業：□文職 □主婦 □退休 □學生 □其他______
填妥資料後可：
寄回：香港英皇道 499 號北角工業大廈 18 樓「圓方出版社」
或傳真至：(852) 2597 4003
或電郵至：marketing@formspub.com

*請剔選以下適用的項目
□我已閱讀並同意圓方出版社訂立的《私隱政策》聲明# □我希望定期收到新書及活動資訊

有關使用個人資料安排
您好！為配合《2012 年個人資料（私隱）（修訂）條例》（《修訂條例》）的實施，包括《2012 年個人資料（私隱）（修訂條例》中的第 2(b) 項，圓方出版社（香港）有限公司（下稱"本社"）希望閣下能充分了解本社使用個人資料的安排。
為與各曾跟圓方出版社（香港）有限公司接觸的人士及已招收的會員保持聯繫，並讓閣下了解本社的最新消息，包括新書介、會員活動邀請、推廣及折扣優惠訊息、問卷調查、其他文化資訊及收集意見等，本社會不時向各位發放相關信息。本社會使用您的個人資料（包括姓名、電話、傳真、電郵及郵寄地址），來與您繼續保持聯繫。
除作上述用途外，本社將不會將閣下的個人資料以任何形式出售、租借及轉讓予任何人士或組織。

請填妥後對摺，黏貼後即可直接郵寄謝謝

請貼郵票

寄

香港英皇道 499 號
北角工業大廈 18 樓
「圓方出版社」收

圓方出版社

正玄會

• 尊享購物優惠 •

• 玄學研討會及教學課程 •